AF863246

Kamiske

Qualitätssicherung – Praxiswissen

Gerd F. Kamiske

Qualitätssicherung – Praxiswissen

HANSER

MIX
Papier aus verantwortungsvollen Quellen
FSC® C016439
www.fsc.org

Bibliografische Information der Deutschen Nationalbibliothek

Die Deutsche Nationalbibliothek verzeichnet diese Publikation in der Deutschen Nationalbibliografie; detaillierte bibliografische Daten sind im Internet über <http://dnb.d-nb.de> abrufbar.

Dieses Werk ist urheberrechtlich geschützt.

Alle Rechte, auch die der Übersetzung, des Nachdrucks und der Vervielfältigung des Buches, oder Teilen daraus, sind vorbehalten. Kein Teil des Werkes darf ohne schriftliche Genehmigung des Verlages in irgendeiner Form (Fotokopie, Mikrofilm oder ein anderes Verfahren), auch nicht für Zwecke der Unterrichtsgestaltung, reproduziert oder unter Verwendung elektronischer Systeme verarbeitet, vervielfältigt oder verbreitet werden.

© 2015 Carl Hanser Verlag München
http://www.hanser-fachbuch.de

Lektorat: Lisa Hoffmann-Bäuml
Herstellung: Thomas Gerhardy
Satz: Kösel Media GmbH, Krugzell
Umschlaggestaltung: Stephan Rönigk
Druck & Bindung: Hubert & Co., Göttingen
Printed in Germany

ISBN 978-3-446-44515-4
E-Book ISBN 978-3-446-44611-3

Vorwort

Industrie 4.0, der Weckruf nach der Bewältigung der zweiten Revolution im Automobilbau. Ist auch die vorrangige Zielrichtung die Produktion, so sind Qualitätsmanagement und Qualitätssicherung im Gefolge unmittelbar betroffen, allerdings wohl mit unterschiedlichen Schwerpunkten. Was Produktion und Qualitätsmanagement begeistern, wie z.B. eine durchgängige IT-Integration zur Schaffung von mehr Transparenz innerhalb des Auftragsabwicklungsprozesses, ist bei der heutigen Zugänglichkeit von firmeninternem Know-how für auswärtige Nachrichtensysteme ein Risiko. Die Qualitätssicherung tut gut daran, das Augenmerk des Managements auf das Risiko zu lenken, auf die Gefahr hin, als Spielverderber dazustehen wie schon häufiger in der Vergangenheit, immer aber aus guten Gründen.

Dieses Buch erhebt den Anspruch zeitloser Gültigkeit insofern, als übliche Umfänge, die dem Zeitgeist unterliegen und diesem angepasst werden müssen, hier nicht aufgenommen wurden. Dazu gehören Definitionen von Begriffen, relevante DIN- oder ISO-Normen und Formulare. Hierzu sei verwiesen auf jeweils aktuelle Veröffentlichungen vom Deutschen Institut für Normung DIN, der Deutschen Gesellschaft für Qualität DGQ, dem Verband der Automobilindustrie VDA bzw. Experten auf dem jeweiligen Gebiet.

Stattdessen sind Qualitätsmanagement und Qualitätssicherung klassisch schulmäßig dargestellt mit viel Spielraum für individuelle Lösungen und unternehmerische Initiativen.

Die messtechnische Kompetenz der Qualitätssicherung schließlich legt den Schluss nahe, sie in Maßnahmen des Nachhaltigkeitsmanagements einzubinden. So kann das Process Engineering nicht nur aus dem Blickwinkel fehlerfreie Fertigung angesehen werden, sondern auch aus dem der Effizienzsteigerung (weniger Energie und geringerer Ressourcenverbrauch).

2015 *Gerd F. Kamiske*

Inhalt

1 Qualitätssicherung als Motor für Entwicklung und Stabilität

1.1 Qualitätswesen/Qualitätssicherung

Innerhalb des unternehmensweiten Qualitätsmanagements spielt die Qualitätssicherung eine feste stabilisierende Rolle zur Erreichung der Unternehmensziele Kundenzufriedenheit, Rentabilität, Umweltverträglichkeit und Gesetzeskonformität (Bild 1.1). Ob die vielfältigen Maßnahmen des Qualitätsmanagements gewirkt haben, kann nur durch das Prüfen der Produkte und Prozesse festgestellt und nachgewiesen werden. Dies liegt im Verantwortungsbereich der Qualitätssicherung.

Bild 1.1 Zielorientiertes Qualitätsmanagement (äußeres Feld) und die Bausteine dafür (mittleres Feld)

Als „technisches Controlling" ist das Qualitätswesen für eine Unternehmensleitung so unentbehrlich wie das „finanzielle Controlling", daher ist es von der Bedeutung her gleichberechtigt. Das „Know-how" der Qualitätssicherung darf auch bei Entscheidungen der Unternehmensleitung nicht außer Acht gelassen werden. Dieses sollte sich auch im Organisationsplan des Unternehmens widerspiegeln. Bild 1.2 und Bild 1.3 zeigen unterschiedliche Organisationsmodelle zur Eingliederung des Qualitätswesens und der Qualitätssicherung im Unternehmen. Die Qualitätssicherung stellt in kritischen, technischen Fällen die „neutralste" Stelle des Unternehmens dar (gegenüber Presse, Gerichten usw.).

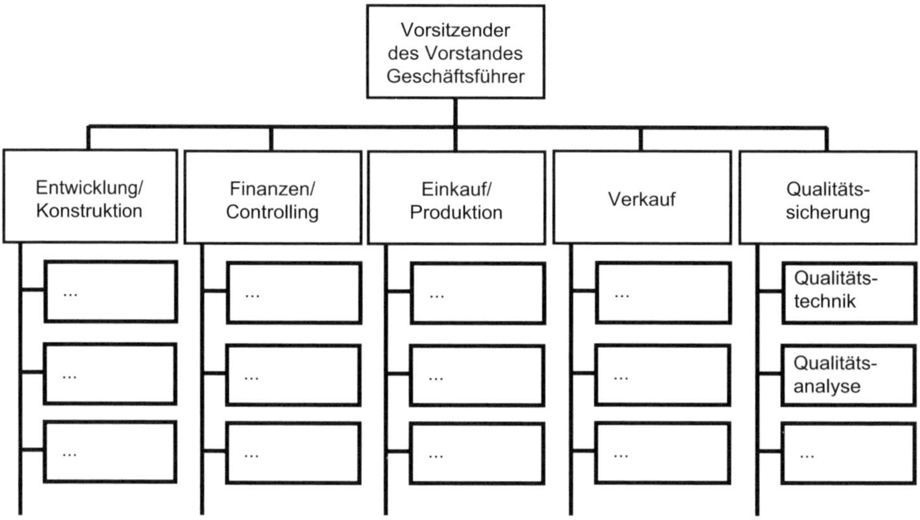

Bild 1.2 Organisationsmodell zur Eingliederung des Qualitätswesens/der Qualitätssicherung im Unternehmen: gleichberechtigt neben anderen Bereichen

> Die Arbeit in der Einheit Qualitätswesen ist technisch interessant, da sie wie in keinem anderen Bereich das Produkt von der Entstehung bis zum Betrieb in der Hand des Nutzers begleitet. Sie ist spannungsgeladen, da das Qualitätswesen gegenüber anderen, mit denen es zusammenarbeiten muss, auch gewissermaßen eine Polizeifunktion zu übernehmen hat. ■

Da ein Mitarbeiter des Qualitätswesens selber nicht konstruiert, fertigt oder verkauft, kann er seinen Einfluss auf die Linie nur mittels Überzeugung ausüben. Er benötigt deshalb auch ein hohes Maß an Akzeptanz – persönlich und fachlich –, wenn die Überzeugung nicht mit der Vollmacht, andernfalls die Auslieferung zu sperren, erzwungen werden soll.

Schließlich ist das Qualitätswesen als schlanke Organisation zu führen, mit viel Eigenverantwortung der operativen Bereiche, aber Durchgriffsmöglichkeiten, wenn die Kundensicht dieses erwartet.

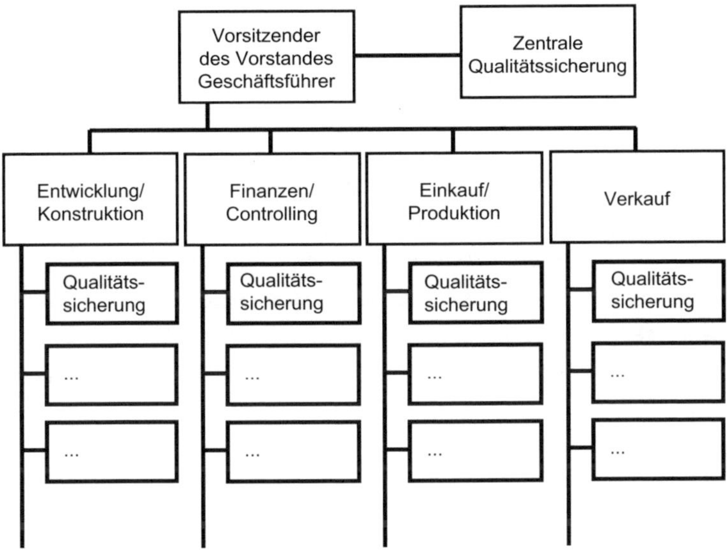

Bild 1.3 Organisationsmodell zur Eingliederung des Qualitätswesens/der Qualitätssicherung im Unternehmen: allen Bereichen übergeordnet

Die organisatorische Einheit Qualitätswesen (auch Zentrale Qualitätssicherung) hat eine bereichsübergreifende koordinierende Tätigkeit. Zu den Aufgaben des Qualitätswesens gehören:

- Erarbeitung der Qualitätspolitik, vorschlagen und durchsetzen,
- Formulieren der Qualitätsziele, begründen und verabschieden lassen,
- Durchführen der Qualitätsplanung bzw. Koordinieren der Bereiche zur Qualitätsplanung im Einzelnen,
- Analysieren von Produktmängeln bzw. Schwächen des Fertigungsprozesses,
- Beurteilen der Produkt- und Prozessspezifikationen auf Konformität mit den Qualitätszielen,
- Prüfen der Produkte auf Konformität mit den Spezifikationen und Ermitteln der Prozessfähigkeit (Audits),
- Berichten über den Qualitätsstand und den Grad der Zielerreichung.

Tabelle 1.1 gibt einen Überblick über die unterschiedlichen Bereiche des Qualitätswesens und ordnet jeweils die spezifischen Aufgaben den einzelnen Bereichen zu.

Tabelle 1.1 Organe des Qualitätswesens

Qualitätsförderung	▪ Strategische Planung ▪ Marktbeobachtung ▪ Wettbewerbsvergleich ▪ Gewährleistungs- und Kulanzkosten ▪ Verfahrensentwicklung ▪ Zentrales Berichtswesen
Qualitätsplanung	▪ Aufteilen des Gesamtziels in Detailziele
Qualitätsanalyse	▪ Audits des Endprodukts ▪ Koordinierung der Bereiche (berichten, schulen, informieren, motivieren usw.) ▪ Ausschuss und Nacharbeitskosten analysieren ▪ Prozessuntersuchungen ▪ Maschinenfähigkeitsuntersuchungen
Prüfplanung (alternativ der Fertigungsplanung zugeordnet)	▪ Planen des nötigen Prüfaufwands von Produktion bzw. Inspektion ▪ Planen und Festlegen des Prüfverfahrens ▪ Unterstützung der Fertigungsplanung zur Verbesserung der Fertigungsprozesse zwecks Vermeidung von Prüfaufwand
Laboratorium	▪ Funktionsprüfungen ▪ Zuverlässigkeitsprüfungen ▪ Lebensdauerermittlungen ▪ Missbrauchstests ▪ Werkstoffprüfungen

Qualitätssicherung

Qualitätssicherung umfasst das Messen und Analysieren der Ergebnisse aller systematischen Tätigkeiten, die innerhalb des Qualitätsmanagementsystems verwirklicht sind, um angemessenes Vertrauen zu schaffen, dass eine Einheit die Qualitätsforderung erfüllen wird.

„Was man nicht messen kann, kann man nicht managen.“

1.2 Integrierte Qualitätssicherung

Das Achten auf Qualität kann nicht auf einzelne Personen ausgelagert werden, sondern es betrifft das gesamte Unternehmen. Im Sinne des Total Quality Management (TQM) sollte jeder im Unternehmen zuallererst auf Qualität achten, auf die Qualität seiner Arbeit und auf die Qualität der Arbeit in seinem Einflussgebiet (Bild 1.4).

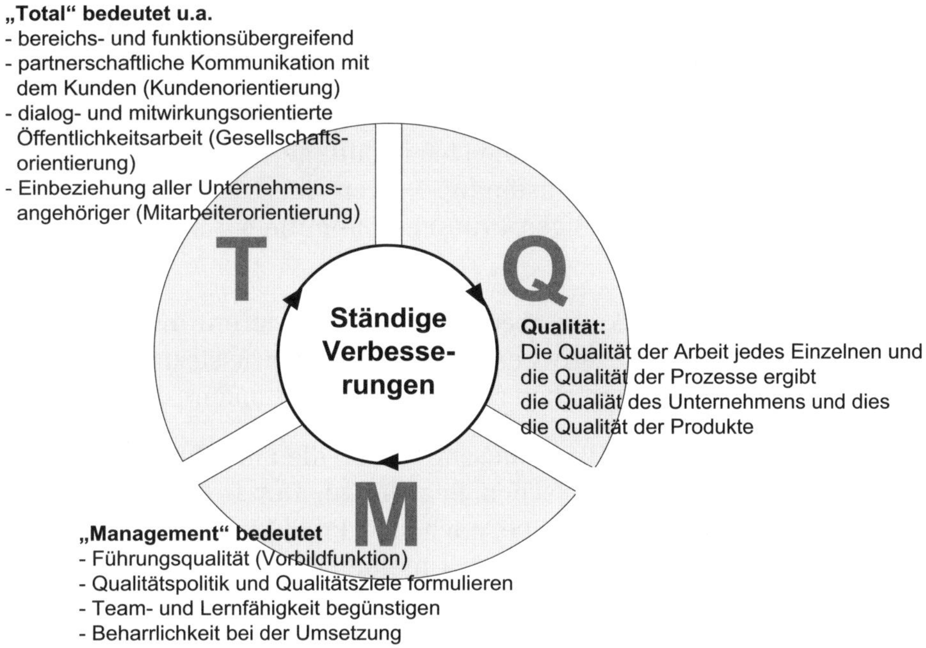

Bild 1.4 Total Quality Management – Aspekte des Führungsmodells

Es empfiehlt sich die Einführung einer integrierten Qualitätssicherung, d. h., jeder Funktionsbereich hat für seine Aufgaben auch die Qualitätsverantwortung voll zu übernehmen und zu vertreten. Die Qualitätssicherung muss unmittelbar an der Quelle erfolgen, wo Fehler entstehen können. Damit tritt der Gedanke einer vorbeugenden, fehlervermeidenden Qualitätssicherung in den Vordergrund. Die so verstandene integrierte Qualitätsverantwortung ist für die wichtigsten Funktionsbereiche nachstehend skizziert:

- Der Vertrieb ist verantwortlich dafür, dass die Qualitätsforderungen des Markts in das Erzeugnispflichtenheft eingehen und dass nach

Markteinführung eines Produkts schnell und zuverlässige Qualitätsinformationen über den Kundendienst zurückfließen.

- Die Entwicklung ist zuständig für die Konstruktionsqualität und Erprobung. Die Erzeugnisse müssen sicher herstellbar und prüfbar sein.
- Das Materialwesen ist für die Optimierung von Qualität und Preis des Fremdbezugs, für störungsfreie Disposition und rechtzeitige Bereitstellung verantwortlich.
- Die Fertigungsvorbereitung verantwortet neben Herstellkosten auch Fertigungssicherheit und Qualitätsfähigkeit der Einrichtungen und Prozesse. Hierzu gehört auch die Prüfplanung.
- Die Fertigung ist nicht nur für die Liefererfüllung, sondern auch für die Qualität der Ausführung zuständig. Das erfordert, dass die Prozessregelung und routinemäßigen Prüfungen unmittelbar selbst durchzuführen sind.
- Unsachgemäße Verpackung, ebenso Mängel bei Lagerung und Transport können die Qualität negativ beeinflussen. Das Bewusstsein hierfür ist bei den zuständigen Bereichen zu schärfen, insbesondere der Logistik.

Der Qualitätssicherung fällt in diesem System die Funktion eines „Controllers“ im Sinne des englischen Begriffs zu. Durch Koordination in allen Qualitätsfragen, durch überwachende Produkt- und Systemüberprüfungen (Audits), durch Beratung, Unterstützung, Qualitätsförderung und Mitwirkung bei allen wichtigen Qualitätsentscheidungen ist sie für das Zusammenspiel aller Funktionsbereiche im Sinne einer integrierten Qualitätssicherung zuständig und setzt Ziele und Maßstäbe für die Erzeugnisqualität.

Das aus diesen Überlegungen entwickelte System der integrierten Qualitätssicherung lässt sich mit einer Matrix darstellen (Tabelle 1.2); sie zeigt die Verteilung der Aufgaben und Verantwortung der einzelnen Funktionsbereiche. In den Matrixzeilen sind die wichtigsten qualitätssichernden Aufgaben im Entwicklungs- und Entstehungsablauf eines Produkts aufgeführt und in seinen einzelnen Phasen zusammengefasst. Die wichtigsten Punkte seien nachfolgend kurz diskutiert:

Tabelle 1.2 Qualitätssicherung – Aufgaben und Verantwortung

	Funktionsbereich / Tätigkeit	Qualitätswesen	Fertigung	Fertigungs-vorbereitung	Einkauf	Entwicklung	Technischer Verkauf	Geschäftsleitung/Werkleitung
Entwicklungsphase	Erstellung Pflichtenheft	Z				Z	V	Z
	Entwurfsqualität	Z		Z		V		
	Entscheidung über Qualitätsbewertung QB	Z				V		Z
	Entwurfsqualitätsbewertung QB 1	V*				Z	Z	I
	Festlegung Sicherheitsmerkmale	Z		I		V	Z	
	Konstruktions-FMEA (Fehlermöglichkeits- und -einflussanalyse)	M				V		
	Entwurfserprobungsplan	M				V		
	Dauererprobung	V				Z		
	Entwurfsqualitätsbewertung QB 2	V*	I	I		Z	Z	I
Fertigungsplanungsphase	Planung der Fertigungssicherheit von Verfahren und Einrichtung	I	I	V				
	Prozess-FMEA	M	M	V				
	Ausprobe neuer Einrichtungen und Verfahren	I	M	V				
	Abnahme neuer Fertigungseinrichtungen	M	Z	V				
	Prüfplanung Teile und Erzeugnisse	M	I	V				
	Planung der Qualitätsüberwachung	V	I	I		I		
	Musterprüfung (fremd und eigen)	V	I	I	I			
	Qualitätsbewertung QB 3 (Fertigungssicherheitsbewertung)	V	Z	Z		Z	Z	I
	Freigabe Serienfertigung	V	I	I		I	I	I
Fremdbezug	Liefererauswahl	Z		(Z)	V	Z		
	Lieferer-Qualitätsfähigkeitsbeurteilung	V		I	I			
	Wareneingangsprüfung				V			
	Lieferer-Qualitätsbewertung (laufende Lieferung)	I		I	V			
	Technische Liefererberatung	M		V	V			
	Fremdbezug Kostenminimierung einschließlich Qualitäts- und Fehlerkosten				V			

Tabelle 1.2 *Fortsetzung*

	Funktionsbereich / Tätigkeit	Qualitätswesen	Fertigung	Fertigungs-vorbereitung	Einkauf	Entwicklung	Technischer Verkauf	Geschäftsleitung/ Werkleitung
Fertigungsausführung	Messen und Prüfen am Arbeitsplatz (Selbstprüfung)		V					
	Teile- und Zwischenprüfungen	I	V					
	Prozessüberwachung/-regelung	I	V					
	Erzeugnisschlussprüfung	I	V					
	Prozessaudit in allen Fertigungsstufen	V	I	I				
	Produktaudit	V	I	I				I
	Zuverlässigkeitsprüfung	V	I	I		I		
	Ausführungsqualität der täglichen Lieferungen		V					
	Liefer- und Fertigungssperrungen	M	M	I		I	I	V
	Dokumentation Sicherheitsmerkmale	Z	V					
	Systemüberprüfung (Systemaudit)	V	I	I				I
	Messmittelüberwachung (Eichung)	V						
	Mustermessraum, Werkstofflabor	V						
	Lizenzüberwachung	I				V		
	Qualitätsberichterstattung	V	I	I	I	I	I	I
	Qualitätsförderung	V						
Vertrieb	Abwicklung der Beanstandungen bei Erstausrüsterkunden	M	I	I		I	V*	
	Auswertung technischer Statistik	V	I	I		I	I	
	Kundendienst, qualitätsbezogen	I	I			M	V	
	Kundenberatung					M	V	

V = Verantwortung, Z = Zustimmung, M = Mitwirkung, I = Information, * = nach Vereinbarung

- *Entwicklungsphase*
  In Qualitätsbewertungsstufen stellt die Entwicklungsabteilung zunächst Konzeption und erstes Pflichtenheft und später Konstruktion und Erprobungsergebnisse eines neuen Produkts zur kritischen Diskussion. Fertigung, Qualitätssicherung, Verkauf und, falls erforderlich, weitere Bereiche sollen hierbei ihre Erfahrungen und Einwände geltend machen. Die Durchführung der Konstruktions-FMEA (Fehlermög-

lichkeits- und -einflussanalyse) und die Präsentation des Reifegrads der Konstruktion im Quality Gate sichern das Ergebnis ab.

- *Fertigungsplanungsphase*
  Die Verantwortung für die Qualitätsfähigkeit der Fertigungseinrichtungen muss von der planenden Fertigungsvorbereitung getragen werden, denn sie hat die genaue Kenntnis und bestimmenden Einfluss bei Planung und Beschaffung. Eine Prozess-FMEA bildet das Instrument zur Risikobewertung. Hohe Maschinen- und Prozessfähigkeit und damit hohe Fertigungsgenauigkeit sind die besten Voraussetzungen für gute Qualität und störungsfreie Abläufe.
  Die Prüfungsplanung ist der Fertigungsvorbereitung zugeordnet, da diese aufgrund ihrer Kenntnisse der Verfahren Art und Umfang der Prüfung am besten optimieren kann. Hierzu gehört auch die Planung der – wo möglich kontinuierlichen, andernfalls statistischen – Prozessregelung. Die Qualitätssicherung unterstützt tatkräftig bei diesen Aufgaben, sie führt die Musterprüfungen durch sowie die Produkt- und Systemaudits. Positive Ergebnisse sind Voraussetzung für die Freigabe der Serienfertigung durch die Qualitätssicherung.

- *Fremdbezug*
  Die Gesamtverantwortung für Preis und Qualität fällt der zuständigen Einkaufsabteilung zu. Sie wird bei technischen Fragen von den zuständigen Abteilungen und bei der Qualitätsbewertung der Lieferer und der gelieferten Ware von der Qualitätssicherung verantwortlich unterstützt. Auch hier wird der Gedanke der vorbeugenden Qualitätssicherung an der Quelle, d. h. also beim Zulieferer selbst, verfolgt.

- *Fertigungsausführung*
  Eine logische Folge der Idee der integrierten Qualitätsverantwortung ist die Durchführung aller routinemäßigen Qualitätsprüfungen durch den Fertigungsbereich selbst. Diese sollten in den Fertigungsarbeitsplatz integriert sein, sodass schnell wirkende kleine Qualitätsregelkreise entstehen. Solche Prozessregelungen (SPC/SPR) bieten die beste Gewähr für eine gleichmäßige Qualität. Die Qualitätssicherung führt – soweit erforderlich – statistische Abnahmeprüfungen durch, z. B. bei kritischen Erzeugnissen, und verschafft sich durch Produkt- und Prozessaudits sowie Auswertung der bei ihr zusammenlaufenden Qualitätsinformationen ein vollständiges Bild des Qualitätsgeschehens. Sie wirkt ferner bei allen wichtigen Qualitätsentscheidungen maßgeblich mit, z. B. bei Sperrungen der Auslieferung.

- *Vertrieb und Kundendienst*
  Diese haben wichtige qualitätsrelevante Aufgaben zu erfüllen, z.B. Kundenberatung und -betreuung zwecks eines bestimmungsgemäßen Einsatzes und Gebrauchs des Produkts, Behandlung etwaiger Reklamationen, Service und Qualitätsinformationsrückkopplung zu Entwicklung und Werk. Die Marktbeobachtung über das Verhalten des Produkts im Einsatz gehört zu den unternehmerischen Pflichten. Damit schließt sich der Qualitätsregelkreis, der zur Verbesserung der Erzeugnisse führt und bei der Erstellung des Pflichtenhefts für neue Erzeugnisse von entscheidender Bedeutung ist. Durch Auswertung der technischen Garantiestatistik und Bewertung der Qualitätsinformationen aus dem Feld erhält die Qualitätssicherung seine wichtigste Größe zur Qualitätsüberwachung, nämlich das Verhalten des Erzeugnisses im täglichen Gebrauch durch den Kunden.

Die integrierte Qualitätssicherung in der Produktion fordert von den Mitarbeitern in Fertigungsvorbereitung und -ausführung eine bestimmte Denk- und Arbeitsweise. Entscheidungen bei den routinemäßigen Qualitätsprüfungen, für die bisher die Qualitätssicherung zuständig war, müssen jetzt vom Fertigungsbereich selbst getroffen werden, d.h., das Qualitätsbewusstsein muss ähnlich ausgebildet sein wie das der Mitarbeiter der Qualitätssicherung. Tiefer gehende Kenntnisse über das Erzeugnis gehören hier ebenso dazu wie über die Fertigungs-, Mess- und Prüftechnik. Das Qualitätsgewissen muss geschärft werden, damit die richtigen Entscheidungen getroffen werden können. Die Motivation hat also entscheidende Bedeutung für die erfolgreiche Durchführung. Eine Schlüsselfunktion liegt bei den Führungskräften. Ihre Einstellung, ihr Beispiel und ihre Überzeugungskraft gegenüber den Mitarbeitern sind ausschlaggebend für den Erfolg. Viel Motivations-, Erziehungs- und Schulungsarbeit sind erforderlich, um die Voraussetzungen zu schaffen.

Zielkonflikte bei Qualitätsentscheidungen können zum großen Teil beseitigt und die Akzeptanz dieser Struktur kann erleichtert werden durch günstige technische Voraussetzungen, wie z.B.:

- ausgereifte Konstruktionen,
- hohe Fertigungssicherheit bzw. gute Maschinen- und Prozessfähigkeit,
- hoher Mechanisierungs- und Automatisierungsgrad in der Fertigung,

- objektive und automatisierte Qualitätsprüfungen,
- Kontinuierliche oder Statistische Prozessregelung,
- routinemäßige Qualitätszirkel.

Probleme bleiben im Zielkonflikt zwischen Liefererfüllung und Qualität bei subjektiven Prüfverfahren, z. B. Sichtprüfungen, bestehen. Durch Erziehung, Motivation und Kontrollen durch die Vorgesetzten sowie häufigere Audits der Qualitätssicherung können diese Schwierigkeiten überwunden werden. Der Zielkonflikt löst sich auf mit der Grundhaltung: Im Zweifel für die Qualität!

> Die Methoden der Qualitätssicherung können erlernt und angewendet werden. Zentral dabei ist das Klären der Verantwortung. Nicht unüblich ist es, sich im ersten Schritt Unterstützung bei einer Unternehmensberatung zu holen.
>
> Der Qualitätsgedanke beinhaltet eine konsequente Kundenorientierung und den ständigen Willen zur Verbesserung. Diese Denk- und Geisteshaltung sollte von allen Mitarbeitern „gelebt" werden.

1.3 Kontinuierlicher Verbesserungsprozess (KVP)

Kaizen, das Streben nach ständiger Verbesserung, ist bei jedem Qualitätsgedanken zentral. Kaizen betrifft alle Mitarbeiter in allen Bereichen. Entlang der nie endenden Plan-Do-Check-Act-Schraube (Bild 1.5) wird kontinuierlich nach einer Verbesserung gesucht. Der PDCA-Zyklus geht auf W. Edwards Deming zurück und wird daher auch als Deming-Kreislauf bezeichnet. Der Zyklus besteht aus den vier Phasen Plan – Do – Check – Act:

- Plan: Planen eines bestimmten Prozesses oder einer bestimmten Veränderung.
- Do: Möglichst praxisnahes Ausprobieren oder Ausführen des Plans im Kleinen.

- Check: Prüfung und Bewertung des Tests.
- Act: Umsetzung des neuen oder geänderten Verfahrens.

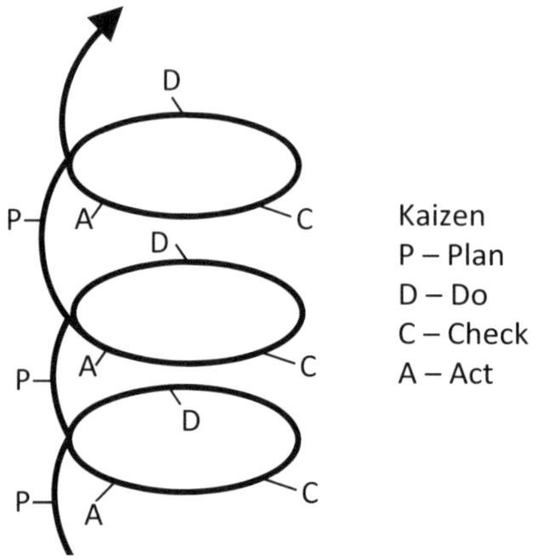

Bild 1.5
Plan-Do-Check-Act-Schraube

1.4 Risiko- und Krisenmanagement

Risikomanagement befasst sich mit potenziellen Krisen. Diese gilt es zu entdecken, zu bewerten, zu beobachten und wirksam zu reduzieren bzw. auszuschalten. Tritt eine Krise ein, soll personeller und/oder materieller Schaden bekämpft, eingedämmt und schließlich die Krise beendet werden.

Der große Einfluss der Medien auf die öffentliche Meinung einerseits und die Verschärfung der Produkthaftung mit der Umkehr der Beweislast andererseits haben das „Risiko des Eintritts von Krisen“ erhöht.

Unternehmen stehen in Wechselwirkung mit ihrem Umfeld. Ihre Produkte einerseits müssen gefahrlos nutzbar sein, die Herstellung der Produkte andererseits darf nicht zur unerträglichen Belastung der Umwelt werden. Das gilt für Produkte aller Art, z. B.:

- Nahrungsmittel,
- Medikamente,
- Maschinen,

- Energie,
- Seefahrt/Touristik,
- Raumfahrt.

Gefahrenquellen können objektiv vorhanden sein oder aber durch öffentlichkeitswirksames Überzeichnen eines Sachverhalts hochgespielt werden, was dann ebenfalls zur Kaufzurückhaltung bzw. -verweigerung führen und Unternehmen bzw. Branchen schädigen oder gar ruinieren kann.

Herausragende historische Beispiele:

1. *Nahrungsmittel*
   Dem Normalverbraucher war bekannt, dass im Fischfleisch Würmer, Nematoden, sein können. Er hat bei Bedarf Fische mit Appetit verzehrt. Durch die stark vergrößerte Darstellung dieser Würmer während einer Fernsehsendung wurde Ekel ausgelöst. Fische ließen sich im Verbreitungsgebiet des Senders kaum noch verkaufen.
   Risikomanagement der Fischindustrie ließ sich nicht erkennen, sie wurde unvorbereitet getroffen. Krisenmanagement wurde nach einiger Zeit spürbar durch Aufklärung der Verbraucher, dass übliches Braten und Kochen schon immer und also auch in Zukunft den Wurm schadlos tötet, dass aber auch Qualitätsprüfungen vorgenommen werden auf der Grundlage eines niedrigen Grenzwerts von Würmern je Gewichtseinheit Fischfleisch.

2. *Medikamente*
   Frauen haben im Vertrauen auf dessen Schadlosigkeit das Schlafmittel Contergan eingenommen. Schädliche Auswirkungen erlebten schwangere Frauen erst Monate später nach der Geburt missgebildeter Kinder.
   Ein solches Risiko war trotz der in der Pharmazie üblichen Tests nicht erkannt worden. Das Risikomanagement war somit unzureichend gewesen. Die Krise konnte nur durch Rückruf des Medikaments begrenzt werden. Die Langzeitwirkung der Schädigungen blieb irreparabel. Hohe Entschädigungszahlungen belasten das Unternehmen, ohne dass die physische Beeinträchtigung der Geschädigten dadurch behoben werden konnte.

3. *Maschinenbau*
   Durch Fehlbedienung von Automobilen mit automatisiertem Getriebe traten vereinzelt unerwünschte Beschleunigungen auf. Dieses widerfuhr Fabrikaten mehrerer Automobilhersteller. Ein besonders schwerer Fall mit Todesfolge trat in den USA auf. Der Fall wurde durch die Medien bekannt gemacht. In der Folge konzentrierten sich Kommentare zu der Erscheinung der „unintended acceleration". Potenzielle Käufer in den USA hielten sich zurück. Der Fahrzeughersteller erlebte einen einschneidenden Verkaufsrückgang.
   Das Risiko war ursprünglich nicht bekannt gewesen. Es wäre als ein solches möglicherweise auch nicht beachtet worden, da eine Fehlbedienung vorausgehen musste. Die Krise wurde durch eine Konstruktionsänderung mit Rückrufaktionen und Umrüstung der Fahrzeuge und Aufklärung der Kunden bekämpft.

4. *Energie*
   Der hohe und noch steigende Energiebedarf kann bisher nur mit Energieformen gedeckt werden, die permanente Risiken (unterschiedlicher Art) beinhalten. Die Kernenergie als saubere Energieform ist durch die Gefahr unbeherrschter Erzeugungsprozesse (Beispiele: Harrisburg, Tschernobyl und Fukushima) und durch die Risiken bei der Aufbereitung der Brennstäbe bzw. der Abfallbeseitigung belastet.
   Das Verbrennen von Kohle und Öl belastet die Umwelt durch den Ausstoß von chemischen Verbindungen, von denen besonders CO_2 das Klima nachhaltig zu verändern droht.
   Risikomanagement kann hier nur in intensiver Entwicklungsarbeit betrieben werden. Krisen, wie ein Reaktorunfall oder eine allmähliche Erwärmung der Erde, sind dem Einfluss einzelner Menschen entzogen und darum schwer zu managen.
   Die Energiegewinnung mittels Sonne und Wind und nachwachsender Rohstoffe hat inzwischen einen hohen Stellenwert. Sie ist aber mit Risiken anderer Art belastet.

5. *Seefahrt/Touristik*
   Kreuzfahrten mit Tausenden Passagieren an Bord sind sehr in Mode gekommen. Die Feststimmung auf der Costa Concordia zur Zeit des Abendessens am 13. Januar 2012 konnte auch Kapitän und Steuermann in Stimmung bringen. Sie wollten mit ihrem riesigen erleuchteten Schiff den Bewohnern von Inseln, die sie passierten, einen Gruß darbieten (bzw. sich vor ihnen „verneigen"). Dabei kamen sie der

italienischen Insel Giglio zu nahe, kollidierten mit einem vorgelagerten unter Wasser liegenden Fels und schlugen leck.
Das Risiko lag in der Annäherung an die Insel. Es wurde angeblich vergrößert durch ein Missverständnis seitens des Steuermanns auf ein Kommando des Kapitäns. Mit dem Aufprall auf einen Felsen entstand die Krise. Ungenügendes Krisenmanagement für die Rettungsaktion führte zu Toten und vielen Verletzten. Das stolze Kreuzfahrtschiff wurde schließlich verschrottet.

6. *Raumfahrt*
Raumfahrtprojekte, insbesondere bemannte, sind von Natur aus riskant. Diesem wird durch einen großen Aufwand an Ingenieurleistung Rechnung getragen. Gründliche Tests an den Aggregaten sollen die Sicherheit des Starts und die Zuverlässigkeit der Raumfähre gewährleisten. Eine Pilotserie von Versuchsflügen in das All ist jedoch nicht möglich.
Im Verlauf der Challenger-Flüge nahm das Risiko scheinbar ab, da positive Erfahrungen mit erfolgreich abgeschlossenen Flügen vorlagen. Zur gleichen Zeit erhöhte sich der Kostendruck auf die NASA, dem unter anderem durch Reduzierung von „unproduktivem" Personal, so auch Inspektoren, begegnet wurde. Das Qualitätssicherungssystem wurde geschwächt. Eine an sich bekannte konstruktive Schwäche zweier Dichtringe unter bestimmten Außentemperaturen wurde verdrängt, der Terminplan erhielt Priorität. Der Start erfolgte und schlug fehl.
Das Krisenmanagement konnte nur noch für etwaige nachfolgende Flüge wirksam werden und beinhaltete unter anderem die Reorganisation des Qualitätssicherungssystems.

Die Beispiele 1, 3 und 4 zeigen, dass Risiken nicht immer objektiv gegeben sind, sondern unter dem Zeitgeist und der geänderten Auffassung subjektiv und emotional anwachsen können. Dieser Entwicklung gilt es, durch Risikomanagement vorzubeugen. Zugegeben, auch eine sachliche Aufklärung der Verbraucher durch die Fischindustrie hätte (vorübergehend) einen Verkaufsrückgang nicht aufhalten können. Der existenzgefährdende Einbruch wäre aber vermieden worden.

Die Rechtsprechung und auch die öffentliche Meinung hätten noch vor Jahrzehnten dem (oder der) Fahrer(in) die Schuld an dem Unglück gegeben, da vordergründig ein Bedienungsfehler vorlag. Inzwischen erwartet man, dass Konstruktionen so gestaltet sind, dass ein Missbrauch nicht vorkommen kann oder gefahrlos abläuft.

Rechtzeitiges Risikomanagement hat z. B. die Automobilindustrie veranlasst, asbesthaltige Werkstoffe zu ersetzen, nachdem erwiesen war, dass Asbest krebsfördernd ist, und bevor die öffentliche Meinung über die Verwendung von Asbest im Automobilbau spektakulär genug informiert wurde.

In der Energieerzeugung tickt, so ist zu befürchten, eine Zeitbombe. Weitsichtiges globales Risikomanagement wird hier von der Politik erwartet. Die Einrichtung von Umweltministern mit Fachkompetenz ist als wichtiger Schritt in die richtige Richtung anzusehen.

Schaut man nur über 60 Jahre zurück, so waren rauchende Fabrikschornsteine positive Signale der wiederaufblühenden Wirtschaft und Grundlage des wachsenden Wohlstands. So mag es heute noch bei sich industrialisierenden Entwicklungsländern sein, bei uns löst ein solches Bild inzwischen Sorge über Umweltbelastung und Gesundheitsgefährdung aus.

Zur Bewältigung von Krisen gehören:

- die Beseitigung des „Störfalls“ jeder Art z. B. durch Umkonstruktion oder Änderung des Produktionsverfahrens,
- die Abgrenzung des betroffenen Produktbereichs bzw. die Abgrenzung der Auswirkung des gestörten Produktionsverfahrens,
- die Information der zuständigen Behörden und der Kunden bzw. der Öffentlichkeit,
- die Entscheidung über die Art der Beseitigung der gefährdeten oder gefährlichen Produkte, z. B. Durchführung einer Rückrufaktion oder Austausch beim Kunden,
- Durchführung der Aktion zur Beseitigung der gefährdeten oder gefährlichen Produkte.

Damit diese geordnet und kompetent abläuft, ist die Bildung eines „Krisenstabs“ erforderlich, der

- die Informationen kurzfristig sammelt, verdichtet und aufbereitet,

- die Fachebene zur sofortigen Bewertung und Beurteilung der Situation hinzuzieht,
- Lösungsalternativen vorstellen lässt und
- die Krisensitzung einberuft unter Hinzuziehung der Fachebene und der verantwortlichen Entscheidungsträger.

In dieser Sitzung sollten Transparenz über Ursache und Wirkung vorliegen, die Lösungsalternativen in ihrer technischen und finanziellen Bewertung bekannt sein und die Entscheidung gefällt werden.

Da hierzu Know-how und Routine erforderlich sind, sollten Unternehmen die Stelle des Krisenmanagers institutionalisiert haben, auch wenn die Position des Krisenmanagers vielleicht auch anders bezeichnet werden kann.

> Bewusstes Qualitätsmanagement und ein durchgängig und logisch aufgebautes Qualitätssicherungssystem sind beste Voraussetzungen, Risiken zu verringern, aufgetretene Krisen wirksam zu begrenzen und schließlich zu beherrschen.

1.5 Edukative Funktion

Aus der Fachkompetenz der Qualitätssicherung heraus könnte sie eine Controllingfunktion in Sachen Qualitätsmanagement der operativen Bereiche übernehmen bzw. sogar damit beauftragt werden. Qualitätsmanagement als Rationalisierungspotenzial erkennen und anerkennen verlangt erhebliche umfangreiche Fachkenntnisse, die vielfach in erster Linie im Bereich Qualitätssicherung vorliegen. Der erarbeitete Gewinn als Funktion des Qualitätsmanagements kann in Analogie zum „Return on Investment“ (RoI) als „Return on Quality“ (RoQ) anschaulich gemacht werden (Bild 1.6).

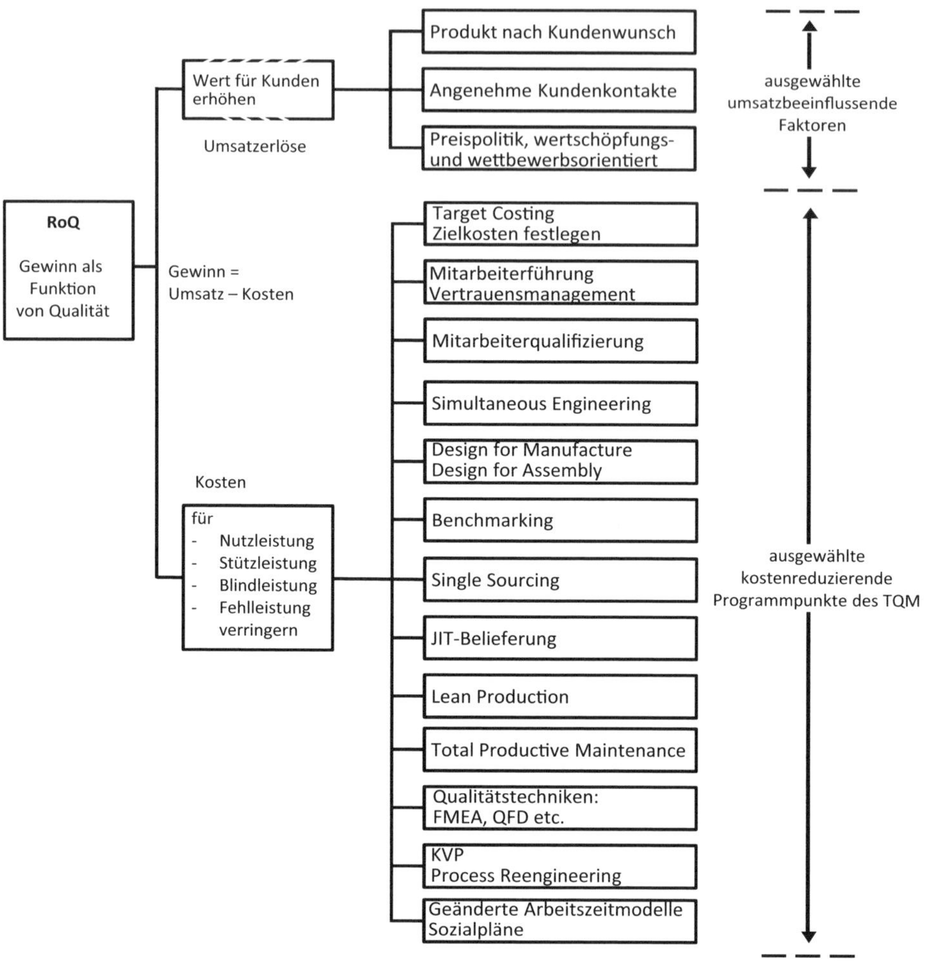

Bild 1.6 Return on Quality

Hinter jedem einzelnen in Bild 1.6 aufgeführten Maßnahmenpaket stehen Rationalisierungspotenziale, die erst dann zu ihrer Höhe kulminieren, wenn sie im Zusammenspiel und miteinander wirksam werden. Versuchsweise einzelne Umfänge herauszupicken und auf das Wunder zu warten, kann nicht als Entscheidungshilfe für die Einführung von TQM herangezogen werden. Das Total im Namen sagt es, dass alle Instrumente des Orchesters für die Erzielung des gewünschten Klangs bedeutsam sind.

Für das Controlling stellt sich das Problem, dass zwar die Aufwände für die Aktivierung der einzelnen Maßnahmen noch relativ genau ermittelt werden können, die Habenseite jedoch nicht mit gleicher Präzision darstellbar ist. Erfolg entsteht nicht zwangsläufig durch das Anklingen aller einzelnen Instrumente, sondern er ist in vielfältiger Weise abhängig von der Fähigkeit des Dirigenten und seiner Musiker. Stichworte hierzu sind im Folgenden als Hilfestellung gedacht (Tabelle 1.3).

Tabelle 1.3 Aufwand und Nutzen des Qualitätsmanagements

Produkt nach Kundenwunsch	
▪ *Wertschöpfung* Erfüllen, was der Kunde möchte, erahnen, was ihn angenehm überrascht, gar begeistert, er haben möchte, sobald er es hat, ihn nicht enttäuschen (Zuverlässigkeit und Lebensdauer)	▪ *Aufwand zur Erzielung der Wertschöpfung* Übersetzen der Kundensprache in die Sprache der Ingenieure, Quality Function Deployment (QFD) – House of Quality (HoQ) ▪ Konstruktion qualitativ absichern, Fehlermöglichkeits- und -einflussanalyse (FMEA), und unempfindlich machen, „Robust Design" ▪ Fertigung und Montage qualitativ absichern $c_{pk} > 1{,}67$
Angenehme Kundenkontakte	
▪ *Wertschöpfung* Kunde fühlt sich wohl und dazugehörig, erhöhte Kundenbindung ▪ Verzeiht eher einen Mangel ▪ Erzählt Positives weiter (gutes Image, guter Leumund)	▪ *Aufwand zur Erzielung der Wertschöpfung* Auswahl positiver Mitarbeiter ▪ Mitarbeiter schulen und auf Bedeutung des Kunden einstellen ▪ Kundenzufriedenheit messen ▪ Benchmarking durchführen ▪ Kundenkontakt strategisch planen
Preispolitik	
▪ *Angemessenheit* Strategisch und ehrlich ▪ In Relation zum Produktwert und Wettbewerb	
Zielkosten = Preis – Gewinn	
▪ Bei strategisch gesetztem Preis und festgelegten Gewinnerwartungen wird der Selbstkostenrahmen gesteckt. ▪ Größter Spielraum liegt in der Bekämpfung von Blind- und Fehlleistung, aber Potenzial für Einsparungen schlummert auch in der Stütz- und Nutzleistung.	
Mitarbeiterführung/Vertrauensmanagement	
▪ *Nutzen* Abwesenheit vom Arbeitsplatz reduziert sich	▪ *Aufwand* Mitarbeitern das Unternehmensziel verständlich machen und von seiner Notwendigkeit überzeugen

Tabelle 1.3 *Fortsetzung*

▪ Innere Kündigungen gehen zurück durch steigendes Verantwortungsbewusstsein und Motivation ▪ Verringert insbesondere die Blindleistung ▪ Positive Ausstrahlung nach draußen durch Eintreten eines jeden für seine Firma	▪ Teilverantwortung an jeweiligen Arbeitsplatz delegieren ▪ Enttäuschungen vermeiden ▪ Mitarbeiter ermutigen, unterstützen und coachen ▪ Kontinuität dieses Führungsstils auch bei Personalveränderung
Mitarbeiterqualifizierung	
▪ *Nutzen* Sinnvolle Arbeit macht Freude und motiviert ▪ Verantwortungsgefühl macht unentbehrlich ▪ Verringerte Fehlzeiten bei motivierten Mitarbeitern ▪ Weniger Ersatzpersonal für Abwesende ▪ Inanspruchnahme auch des geistigen Potenzials der Maschinen- und Montagearbeiter	▪ *Aufwand* Delegation von Mitgestaltungsmöglichkeit und Verantwortung bis einschließlich „ausführender" Ebene ▪ Den Sinn der Arbeit verdeutlichen ▪ Qualifizierung der Mitarbeiter an Erfordernisse des Arbeitsplatzes angleichen („on the job") ▪ Aber auch „job rotation" zur Erweiterung des Horizonts
Simultaneous Engineering (SE)	
▪ *Einsparung* Entwicklungs- und Produktionsplanungszeit wird kürzer	▪ *Aufwand* Zur bereichsübergreifenden Kommunikation Fokussierung auf Produkt-, Fertigungs- und Montagequalität durch Anwenden von Qualitätstechniken wie QFD/HoQ und FMEA zwecks frühzeitiger Anhebung des Reifegrads des Entwicklungsprozesses ▪ Schulung der Konstrukteure und Planer im Gebrauch der Qualitätstechniken ▪ Nutzen der Ergebnisse aus der Anwendung der Qualitätstechniken für Freigabeentscheidungen und das Qualitätscontrolling
Betriebsmittelproduktivität „Total Productive Maintenance"	
▪ *Einsparung* Ausbringungsverlust wegen Maschinenstörung ▪ Ersatzinvestition für Nichtverfügbarkeit von vorhandenen Betriebsmitteln ▪ Ersatzteilaufwand ▪ Personalkosten für Überstunden/Zusatzschichten	▪ *Aufwand* Systematische Betriebsmittelinstandhaltung (DIN: Instandhaltung = Wartung + Inspektion + Instandsetzung) ▪ Qualifizierung der Maschinenführer ▪ Dezentrale Verantwortlichkeit der Maschinenführer für die Wartung

Tabelle 1.3 *Fortsetzung*

▪ Qualitätsmängel am Produkt wegen Anlagenverschleiß ▪ Verkürzung von Rüst- und Werkzeugwechselzeiten ▪ Konventionalstrafe bei Terminüberschreitungen	
Qualitätstechniken nutzen	

▪ *Einsparungen*
Kürzere Entwicklungszeit für neue Produkte
▪ Geringere Anlaufkosten bei Produktionsstart
▪ Vermeiden von Ausschuss durch qualitätsfähige Prozesse
▪ Geringe Gewährleistungskosten durch ausgereifte Konstruktion
	▪ *Aufwand*
	Schaffen einer positiven Geisteshaltung der Belegschaft zur Akzeptanz der Qualitätstechniken
	▪ Nutzen von Ergebnissen aus der Anwendung von Qualitätstechniken als Führungs- und Entscheidungsbasis zur Durchsetzung der Anwendung
	▪ Fachspezifische Schulung der Mitarbeiter
	  ▪ „House of Quality“ QFD/HoQ
	  ▪ Fehlermöglichkeits- und -einflussanalyse für Produkt und Prozess
	  ▪ „Robust Design“
	  ▪ Elementare Analysewerkzeuge Q7
	  ▪ Managementwerkzeuge M7
	  ▪ Gruppenarbeit

Kontinuierlicher Verbesserungsprozess (KVP)	
▪ *Einsparung* Eingespart wird Ingenieurkapazität bzw. steht für andere Aufgaben zur Verfügung durch Nutzen der Problemlösungskapazität der ausführenden Ebene. Kontinuierlich heißt wöchentlich eine Zusammenkunft eineinhalb bis zwei Stunden lang. Bei Anwendung von Fehlererfassungs- und -analysetechniken (Q7) werden Verbesserungen jeder Art erarbeitet. Nach jeweils fünf Wochen sollte das Ergebnis spätestens vorliegen.	▪ *Aufwand* Schaffen des Problembewusstseins bei den Mitarbeitern als Boden für selbst gewollte Veränderungen ▪ Organisation von Gruppenarbeiten (Termin, Dauer, Raum, Hilfsmittel) ▪ Ausbildung von Moderatoren, schulen der elementaren Werkzeuge Q7
Process Reengineering	
▪ *Einsparung* Qualitäts-, Produktivitäts- und Flächennutzungsziele von jeweils z. B. 30 % Verbesserung ▪ Nicht kontinuierliches, sondern sprunghaftes Vorgehen	▪ *Aufwand* Wie unter Kontinuierlicher Verbesserungsprozess

Tabelle 1.3 *Fortsetzung*

▪ Die Gruppe begibt sich vier bis fünf Tage in Klausur, Ergebnispräsentation am letzten Tag	
Sozialpläne bzw. geänderte Arbeitszeitmodelle	
▪ *Problemstellung* Personal, das nach erfolgreicher Einführung schlanker Strukturen nicht mehr benötigt wird	▪ *Aufwand* Innovative Arbeitszeitmodelle (Sozialisierung des geringeren Arbeitszeitbedarfs) den Sozialplänen gegenüberstellen (betriebs- und volkswirtschaftlich)
Design for Manufacture (DFM), Design for Assembly (DFA)	
▪ *Vorteile* Unkomplizierte Konstruktionen ▪ Weniger Teile, weniger Fügeoperationen ▪ Irrtumsfreie Konstruktionen ▪ Komplexitätsmanagement	▪ *Aufwand* Hand-in-Hand-Arbeit von Konstruktions-, Planungs- und Betriebsingenieuren, Simultaneous Engineering ▪ Schulung in Poka-Yoke-Gedankengängen und Konstruktionselementen
Benchmarking	
▪ *Vorteile* Erkenntnisse von vorteilhaften erprobten Lösungen nutzen ▪ Vermeidung von Irrwegen	▪ *Aufwand* Intelligentes Suchen; kombinieren aus verfügbaren Details und kluges Schließen auf die Gesamtheit
Single Sourcing	
▪ *Einsparung* Nur noch mit einem Lieferanten: ▪ Technische Produktbesprechungen ▪ Preisverhandlungen ▪ Dispositionen	▪ *Aufwand* Sorgfältige Auswahl je eines qualitätsfähigen und vertrauenswürdigen Lieferanten ▪ Systemaudit ▪ Produktaudit ▪ Vertrauensmanagement
JIT-Belieferung	
▪ *Einsparung* Wareneingangsprüfung ▪ Prüfpersonal ▪ Prüfbetriebsmittel ▪ Prüffläche ▪ Materialzwischenlager	▪ *Aufwand* Sorgfältige Auswahl je eines qualitätsfähigen und vertrauenswürdigen Lieferanten ▪ Systemaudit ▪ Produktaudit ▪ Vertrauensmanagement
JIT-Eigenfertigung/schlanke Produktion	
▪ *Einsparung* Materialkosten wegen kürzerer Durchlaufzeit	▪ *Aufwand* Maschinenfähigkeit $c_{mk} > 1{,}67$ ▪ Prozessfähigkeit $c_{pk} > 1{,}67$

Tabelle 1.3 *Fortsetzung*

▪ Fehlleistungen
  ▪ Fehlerkosten
  ▪ Ausschuss
▪ Fehlerfolgekosten intern
  ▪ Sortieren
  ▪ Nacharbeit
  ▪ Ersatzmaterialbeschaffung
  ▪ Betriebsmittelbelegung für Nacharbeit
  ▪ Personaleinsatz für Fehlerbeseitigung
▪ Fehlerfolgekosten extern
  ▪ Reklamationsbearbeitung
  ▪ Personalkosten
  ▪ Reisekosten
  ▪ Ersatzteile
  ▪ Reparaturen
  ▪ Rückrufaktionen
  ▪ Produkthaftungskosten
  ▪ Entgehende Deckungsbeiträge wegen Marktanteilsverlusten
  ▪ Zusätzliche Werbekosten zur Akquisition von Neukunden
	▪ Mitarbeiterqualifizierung
	▪ Delegation von Verantwortung

Auch für Mitarbeiter wirkt sich die Einführung des Qualitätsmanagements positiv aus. Beispielsweise erhöht sich der Entscheidungsspielraum für Mitarbeiter, oder die Informationspolitik ist auf Offenheit und Transparenz angelegt. Qualitätsmanagement und Qualitätssicherung bedingen eine Führung, die auf Beteiligung und Sinnvermittlung setzt. Dadurch erhöht sich die Mitarbeitermotivation, was sich wiederum auf die Wettbewerbsfähigkeit auswirkt (Bild 1.7). Bild 1.7 zeigt auch, dass die Rentabilitätspotenziale des Qualitätsmanagements selten eindimensional abrufbar sind.

> Die edukative Funktion kann nur in einem kollegialen Unternehmensklima mit gegenseitiger Anerkennung ausgeübt werden, unter dem Leitsatz: Qualität entsteht aus Technik und Geisteshaltung. Dementsprechend müssen die fachliche Souveränität und die charakterliche Akzeptanz der die Qualitätssicherung tragenden Führungskräfte gegeben sein.

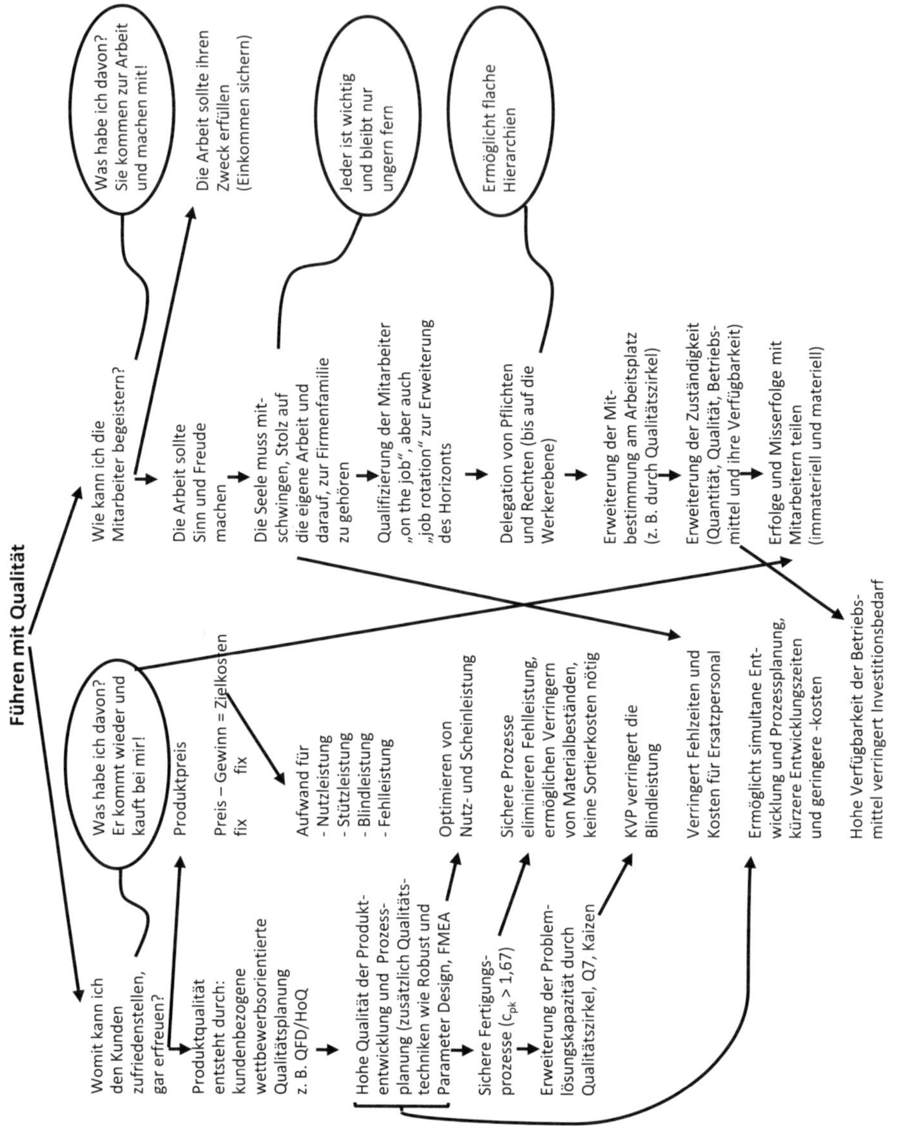

Bild 1.7 Wettbewerbsfähiger werden durch Führen mit Qualität

1.6 Unternehmensleistungen

Eine amerikanische Studie wies in den späten 1980er-Jahren den Aufwand nach, der benötigt wird, um Wertschöpfung zu erzielen. Am Lehrstuhl Qualitätswissenschaft an der Technischen Universität Berlin wurde die Studie seziert und in modernes Qualitätsmanagement übertragen. Dadurch wurde bewusst gemacht, wie groß der in Unternehmen betriebene Aufwand ist, um Werte zu schaffen. In der betrieblichen Messgröße Leistung wurde der werterhöhende Anteil als Nutzleistung bezeichnet und der zur Erstellung der Nutzleistung nötige Beitrag als Scheinleistung. 25 % als obere Grenze der erzielbaren Nutzleistung sind relativ hoch angesetzt, Werte um 11 % sind nicht unmöglich (Bild 1.8).

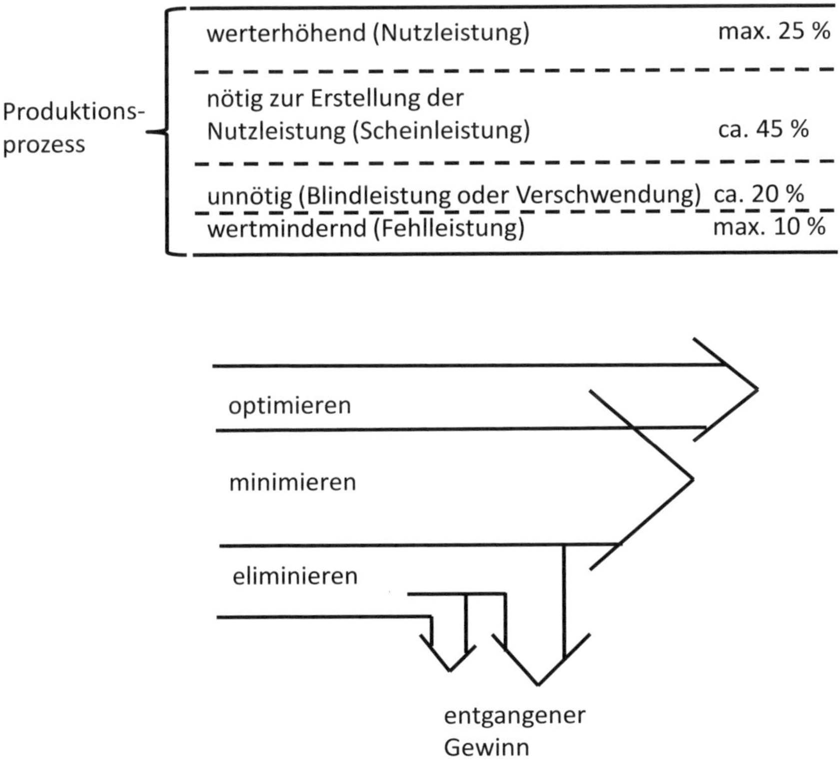

Bild 1.8 Kostenmanagement

Mit der Verschwendung als Blindleistung und der Fehlleistung stoßen wir auf zwei der Zielgebiete des Qualitätsmanagements, zu deren Verringerung bzw. Vermeidung wie in Gänze das Qualitätsmanagement die gesamte Leistungskette im Blickfeld hat.

An finanziellen Kennzahlen lassen sich Erfolge (und Misserfolge) von Maßnahmen der Unternehmensleitung und der ausführenden Ebene ablesen. Die Hebelarme für die Maßnahmen befinden sich in der Treiberebene (Bild 1.9). Die Rentabilität zeigt sich im Return on Investment (RoI) bzw. im Return on Quality (RoQ).

1.7 Qualitätstechniken als Instrumente der Unternehmensführung

Was muss man ändern, wenn die Entwicklungszeit kürzer werden soll und die Bestände schmelzen sollen? Müssen nun einfach alle schneller entwickeln, besser planen und genauer arbeiten als in der Vergangenheit? Das anzunehmen hieße, die bisherige Leistung zu entwerten.

Schon nach Deming sind es nicht die Menschen, die sich ändern können, sondern ist es das System, das geändert werden muss. Ziel muss es sein, die Qualität der Entwicklung, der Arbeitsvorbereitung und der Produktionsprozesse zu verbessern. Das verlangt intensiven Einsatz der zusätzlichen Qualitätstechniken, deren Kenntnisse und Erkenntnisse über den Sinn und Zweck und den Einsatz aller Mitarbeiterressourcen.

Zu den Kernaufgaben einer Unternehmensleitung gehört heute mehr denn je das Qualitätsmanagement. Dieses professionell und erfolgreich zu betreiben, verlangt das Zusammenspiel von Mensch und Technik, eingebettet in und unterstützt durch eine in allen hierarchischen Ebenen getragene und gleichsinnig verstandene Geisteshaltung. Dieses wiederum ist eine hohe Herausforderung an die Führungsqualifikation der Unternehmensleitung. Die Schwierigkeit, das vordergründige Nahziel der Erhaltung der Rentabilität zu erreichen, verlangt das Beschreiten von neuen Wegen, die zu finden den gestressten und mit Sorgen des Tagesgeschäfts ausgelasteten Führungskräften nicht gerade leichtfällt.

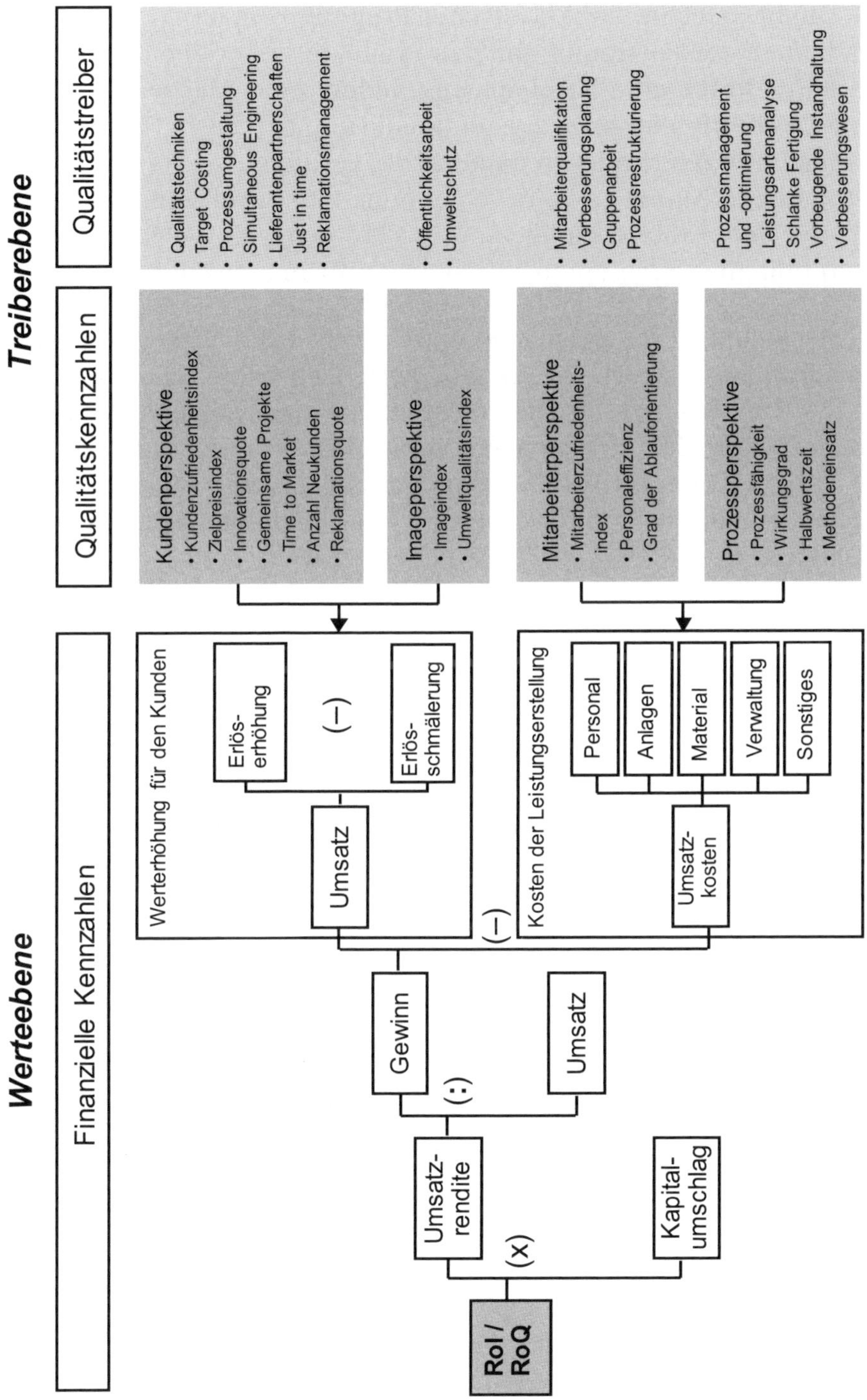

Bild 1.9 Baumstruktur des Führungskennzahlensystems

Die Qualitätstechniken klassischer Prägung, wie das Konstruieren, das Planen der Fertigung und das Produzieren, erleben in den letzten Jahrzehnten eine Bereicherung, indem neue Methoden und formale Denkhilfen zu ihrer Systematisierung beitragen. Beginnend in Japan und begründet in dem Erfolg, sprangen sie nach USA und Europa über. Naturgemäß geschieht das immer mit einem Zeitverzug, der dem Erstanwender zwar die Mühe der Entwicklung überlässt, ihm aber auch einen Effizienzvorsprung gewährt.

Konstrukteure, Fertigungsplaner und Betriebsingenieure waren gefragt, schnell hinzuzulernen. Die Qualitätstechniken haben alle zum Inhalt, die Systeme sicher zu machen, nicht auf die nie ermüdende Konzentration der Mitarbeiter zu bauen, sehr wohl aber auf ihre Erfahrungen und auf ihre Kreativität. Qualitätstechniken bilden damit eine der wesentlichen Grundlagen zur Durchsetzung von Total Quality Management (TQM).

Im Wesentlichen handelt es sich um folgende Qualitätstechniken (Bild 1.10):

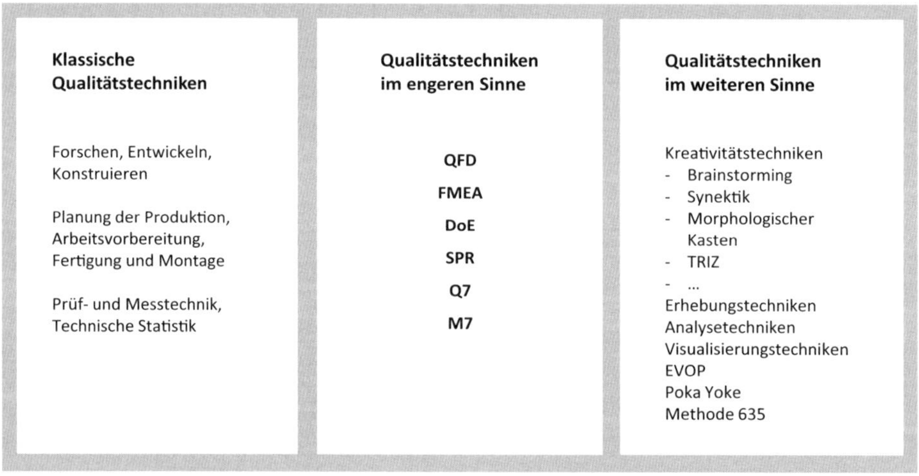

Bild 1.10 Qualitätstechniken

- *QFD – Qualitätsfunktionendarstellung*
  Welche Qualitätstechniken geben den Entscheidern in der Führungsetage besondere Hilfen zur Wahrnehmung ihrer Verantwortung? Die QFD ist eine Hilfe für die Formulierung des Entwicklungsauftrags. Wo liegen die Stärken und wo die Schwächen des eigenen Produkts? Wo

will ich in Zukunft strategisch zum Wettbewerb liegen? Das House of Quality dient hier als grafisches Hilfsmittel bei der Beurteilung des eigenen Produkts im Vergleich zu den Produkten der Mitbewerber. Anschaulicher lässt sich der Erfüllungsgrad von Kundenwünschen kaum darstellen.

- *FMEA – Fehlermöglichkeits- und -einflussanalyse*
Für den Leiter der Konstruktion stellt die Konstruktions-FMEA ein ideales Mittel dar, die Freigabe der Konstruktion unter Kenntnis der möglichen Risiken vorzunehmen. Dabei erfüllt die Risikoprioritätszahl (RPZ) mit ihren drei Faktoren eine zentrale Rolle. Für die RPZ sollte man sich keinen Grenzwert festlegen, da sonst wichtige Informationen und mögliche Verbesserungsmaßnahmen verloren gehen könnten. Vielmehr sollte man sich seine Bestandteile vornehmen: Die größte Bedeutung hat der mögliche Fehler selber, ihn gilt es konstruktiv auszumerzen. Die einzelnen Bestandteile der RPZ sollten also einen Wert von 3 auf der Skala von 1 bis 10 nicht überschreiten. Analog gilt dies für die Konstruktion. Einen „Nachteil“ hat diese Vorgehensweise allerdings auch, wenn man aus welchen Gründen auch immer große Risiken eingeht: Sie sind dokumentiert und aktenkundig.

- *SPR – Statistische Prozessregelung*
Schließlich hat der Betriebsleiter eine große Unterstützung bei Anwendung der Statistischen Prozessregelung und der Ermittlung und Anwendung des Prozessfähigkeitsindexes:
c_{pk} = Toleranz : Prozessstreuung.
Zu empfehlen ist die Definition des betrieblichen Soll-Zustands, etwa mit
$c_{pk} < 1$, weder beherrscht noch fähig (rot),
$c_{pk} = 1$ bis 1,33, Übergangsbereich (gelb),
$c_{pk} > 1{,}33$, beherrscht und fähig (grün).
Die entsprechende Kennzeichnung des Hallenlayouts, die einzelnen Prozesse z. B. mit den Ampelfarben unterlegt, das Ganze auf der Tafel im Büro des Betriebsleiters oder im Flur auf dem Wege dorthin, erhöht die Transparenz und wirkt motivierend.

- *DoE – Design of Experiments (statistische Versuchsplanung)*
Die Ziele der statistischen Versuchsplanung umfassen die Entwicklung robuster Produkte und/oder Prozesse, die Reduzierung der Anzahl von Versuchen sowie das Auffinden der optimalen Einstellungen für Steu-

ergrößen. Eingesetzt wird sie bei der Entwicklung neuer Produkte/Prozesse, bei Änderungen von Produkten/Prozessen und bei der fertigungsbegleitenden Produkt-/Prozessoptimierung.

- *Q7 – Sieben elementare Qualitätswerkzeuge*
  Die Q7 gehören zu den Standards. Dementsprechend sollten alle, die sich mit Qualität befassen, über diese Werkzeuge Bescheid wissen und sie adäquat einsetzen können. Die sieben Werkzeuge werden bei der Ermittlung von Problemen und deren Lösungsmöglichkeiten verwendet. Die meisten Qualitätsprobleme können anhand dieser sieben Werkzeuge gelöst werden.
- *M7 – Sieben Managementwerkzeuge*
  Das Management sollte bei der Problemlösung mit M7 eine führende Rolle spielen. Die M7 sollten nur für die Lösung komplexer und sehr schwieriger Probleme eingesetzt werden. Im Rahmen der Qualitätssteuerung sollte M7 zusammen mit den Werkzeugen von Q7 angewendet werden. M7 sollte kontinuierlich geschult werden. Die Anwendungen sollten überwacht und im Rahmen des Qualitätssicherungssystems standardisiert werden. Vorteilhaft ist es, wenn das Unternehmen über einige erfahrene Instruktoren von M7 verfügt.

Die angesprochenen Techniken sind allerdings keine Wunder-, sondern nur Hilfsmittel. Sie bedürfen des uneingeschränkten Wollens aller Beteiligten und der konsequenten Umsetzung der Erkenntnisse. Der größere Wert noch vor der Systematik der Vorgehensweise ist, dass sich Fachleute zusammentun mit der Absicht, vermeidbare Fehler auch zu vermeiden. So lästig dieses Sichsammeln unter dem Druck des Tagesgeschehens manchmal auch ist und so aufwendig die systematische Durchführung auch scheint, vorbeugen ist auch hier besser als heilen. Die wenn auch nur sporadische Teilnahme von oberen Führungskräften an diesen Sitzungen stellt die Bedeutung der Teamarbeit in den Augen der Fachleute sicher und gibt der Führungskraft Einblicke, die ihr die Einschätzung der Situation erleichtern.

Bild 1.11 zeigt das Zusammenspiel der Qualitätstechniken mit den Produktentstehungsphasen und der entsprechenden Qualitätsplanung.

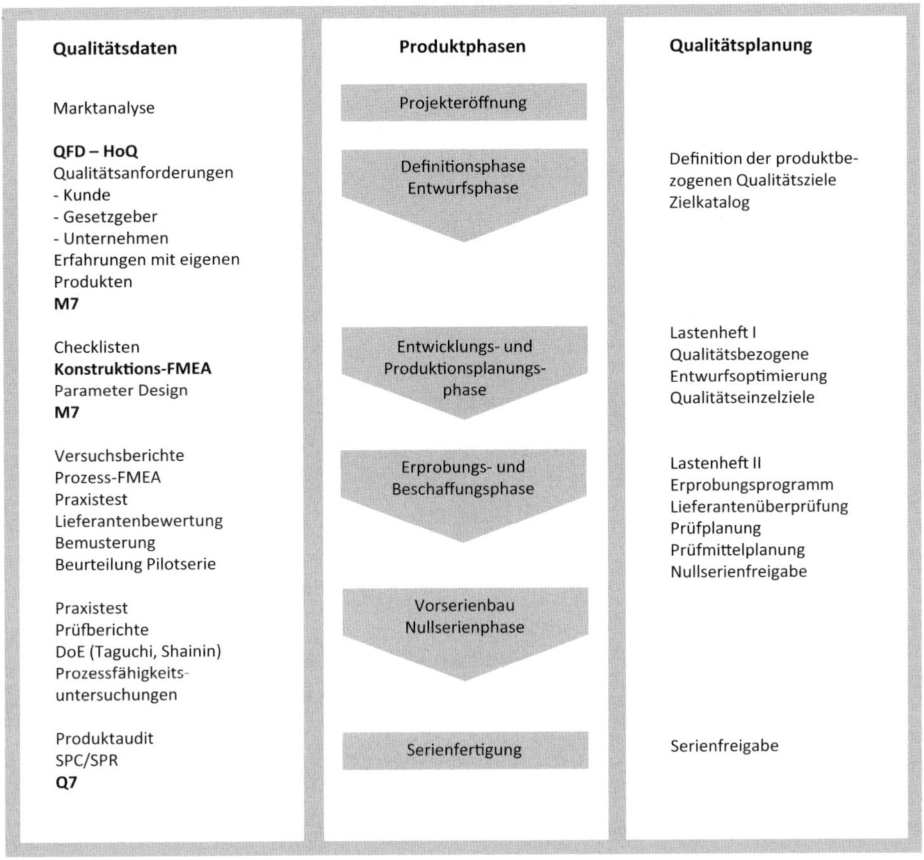

Bild 1.11 Planung der Qualitätstechniken für die Produktentstehungsphasen

2 Sieben elementare Werkzeuge der Qualitätssicherung (Q7)

Die elementaren Werkzeuge der Qualitätssicherung werden meist als „die“ Sieben Qualitätswerkzeuge (Q7) bezeichnet und wurden ursprünglich von dem Japaner Kaoru Ishikawa zur Anwendung in Qualitätszirkeln zusammengestellt. Sie dienen zur systematischen Erfassung von Daten und zur Visualisierung und Analyse der Erhebungsergebnisse. Mit Ausnahme des Ursache-Wirkungs-Diagramms waren sie schon vorher bekannt und wurden für die Qualitätssicherung eingesetzt. Die eigentliche Neuerung lag in der systematischen Anwendung mehrerer oder aller Werkzeuge zusammen. Denn obwohl jedes für sich anwendbar und wirksam ist, sind die Werkzeuge in dieser Zusammenstellung besonders effektiv.

Im Laufe der Zeit wurden die Werkzeuge weiterentwickelt und ergänzt, sodass heute bereits über 20 „elementare“ Qualitätswerkzeuge zur Verfügung stehen. In der Literatur finden sich je nach Anwendungsfall unterschiedliche Zusammenstellungen von jeweils sieben Werkzeugen, von denen die wichtigsten im Folgenden vorgestellt werden.

Die Qualitätswerkzeuge werden in einer festgelegten Reihenfolge angewendet, um die Problemlösung zu strukturieren und zu systematisieren. Das zugrunde liegende Vorgehensmodell wird dabei als erstes der sieben Werkzeuge verstanden. Weitere Qualitätswerkzeuge unterstützen die Datensammlung, die Auswertung und Visualisierung der Ergebnisse, das Erarbeiten von Lösungsalternativen und die Beobachtung der Lösung mit dem Ziel der ständigen Verbesserung des erreichten Niveaus.

Als Grundlage für den Einsatz von Qualitätstechniken stehen verschiedene Phasenschemata zur Verfügung, die entsprechend der Problemstellung ausgewählt werden. Allen Modellen gemeinsam sind die konsequente, sequenzielle Vorgehensweise sowie die Rückkopplung der einzelnen Schritte. Alle beteiligten Mitarbeiter sollten bereits in dieser Phase einbezogen werden, um einerseits ihre Ideen berücksichtigen zu können, andererseits um Einführungswiderstände zu vermeiden. Ein typisches Modell ist das folgende Phasenschema (Ebeling 1994):

- Problem erkennen,
- Ziel setzen,
- Problemanalyse,
- Erarbeiten von Lösungsalternativen,
- Bewertung und Auswahl der Lösung,
- Realisieren der Lösung.
- laufendes Überprüfen und Verbessern der Lösung.

2.1 Aufnahmebögen (Fehlersammelliste)

Als Hilfsmittel für die vollständige Erfassung und Strukturierung von Daten werden verschiedene Formen von Aufnahmebögen eingesetzt. Mit ihnen werden Daten (z. B. Fehler) nach Art und Anzahl erfasst, wobei noch keine Rückschlüsse auf den Grund der Entstehung der Daten und deren zeitliche Abfolge berücksichtig werden. Die erhobenen Daten dienen als Eingangsgröße für weitere Werkzeuge wie z. B. Diagramme.

Bei der Erstellung von Aufnahmebögen müssen einige Punkte beachtet werden. Folgendes Konzept hat sich bewährt:

- Erhebungsziel,
- Datenumfang schätzen,
- Aufnahmeart und Format des Bodens bestimmen,
- Daten probehalber sammeln und eintragen,
- Bogen überprüfen und eventuell verbessern.

Dabei sollte der Aufnahmebogen möglichst einfach zu handhaben, dem Problem angemessen und weitgehend formalisiert sein. Die Erhebungszeitpunkte werden im Voraus festgelegt. Sie können in einem bestimmten Rhythmus erfolgen oder im Zusammenhang mit kritischen Ereignissen stehen (z. B. Empfang einer Teilelieferung).

Gebräuchliche Formen von Aufnahmebögen sind unter anderem Fehlersammelkarten und Checklisten. Mit Fehlersammelkarten wird die Häufigkeit von Fehlern in vorbestimmten Fehlerklassen mittels einer Strichliste erfasst (Bild 2.1). Checklisten dienen zur Überprüfung des Vorhandenseins bzw. der Ausprägung bestimmter vorgegebener Merkmale.

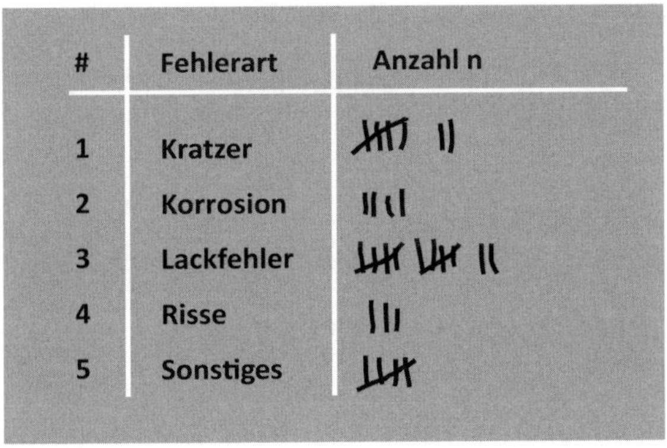

#	Fehlerart	Anzahl n
1	Kratzer	𝍸 ||
2	Korrosion	||||
3	Lackfehler	𝍸 𝍸 ||
4	Risse	|||
5	Sonstiges	𝍸

Bild 2.1 Fehlersammelkarte

2.2 Histogramm

Das Histogramm ist ein Säulendiagramm, mit dem die Häufigkeitsverteilung von zu Klassen zusammengestellten Daten grafisch dargestellt wird (Bild 2.2). Auf der Abszisse werden die Klassen oder Merkmale eingetragen, auf der Ordinate die Häufigkeit. Die Fläche der Säule ist hierbei proportional zur jeweiligen Klassenhäufigkeit, sofern die Klassen gleich breit gewählt wurden. Die Anzahl der Klassen sollte der Übersicht halber zwischen fünf und 25 liegen.

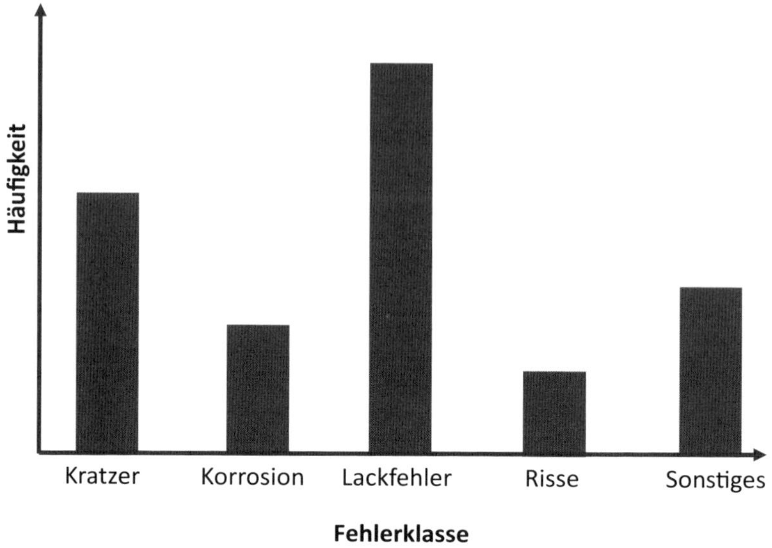

Bild 2.2 Histogramm

2.3 Korrelationsdiagramm

Das Korrelationsdiagramm (Bild 2.3) dient zur Überprüfung eines vermuteten Zusammenhangs zwischen zwei Variablen (Merkmalspaar). Hierzu trägt man das Merkmalspaar in ein Koordinatensystem ein und erhält eine Punktwolke. Kann durch diese Wolke eine Gerade gelegt werden, so korrelieren die Merkmale je nach Steigung der Geraden in positiver ($0 < r < 1$) oder negativer $-1 < r < 0$) Richtung. Ist dies nicht möglich, so liegt kein Zusammenhang zwischen ihnen vor ($r = 0$).

Im Gegensatz zur Regressionsanalyse wird bei der Korrelationsanalyse nicht von einer abhängigen und einer unabhängigen Variablen ausgegangen, sondern von zwei gleichberechtigten Variablen. Sie wird deshalb auch als Interdependenzanalyse bezeichnet. Aus diesem Grund können kausale Zusammenhänge nicht aus der Korrelationsanalyse abgeleitet werden.

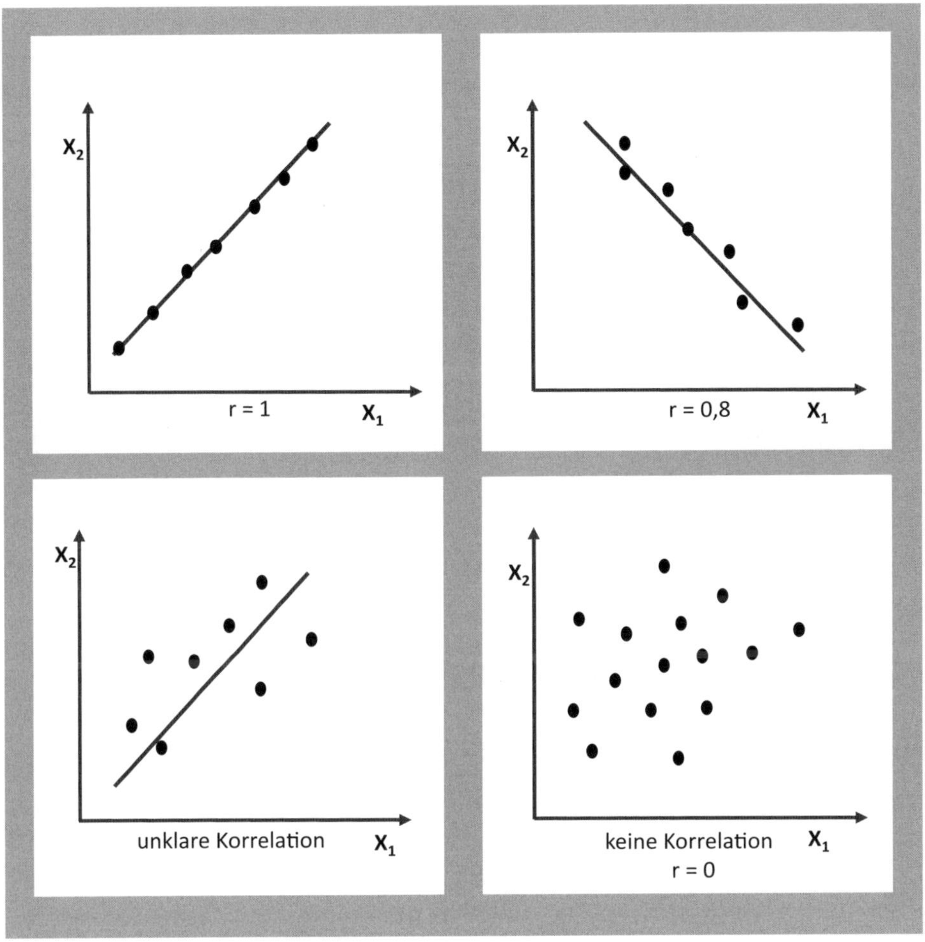

Bild 2.3 Korrelationsdiagramme

2.4 Pareto-Diagramm

Das Pareto-Diagramm ist eine Sonderform des Histogramms (Bild 2.4). Der wesentliche Unterschied besteht darin, dass die einzelnen Fehler hier nicht nur nach ihrer absoluten Anzahl, sondern zusätzlich auch nach ihrer relativen Bedeutung geordnet werden. Dadurch können diejenigen Fehler lokalisiert werden, die für den größten Teil der Auswirkungen, z. B. der entstehenden Kosten, verantwortlich sind.

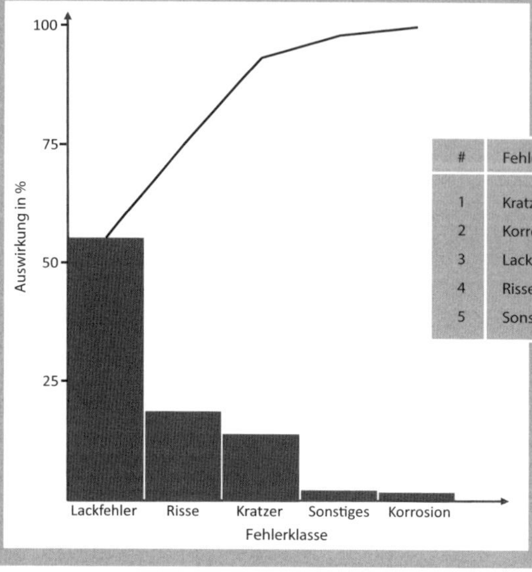

#	Fehlerart	Anzahl n	Fehlergewicht G	n · G
1	Kratzer	HHT ||	3	21
2	Korrosion	||||	1	4
3	Lackfehler	HHT HHT ||	5	60
4	Risse	|||	9	27
5	Sonstiges	HHT	1	5

Bild 2.4 Gewicht der Fehler und Pareto-Diagramm

Es ist empirisch belegt, dass nur 20 bis 30 % der Fehlerarten 70 bis 80 % der Fehler ausmachen (Pareto-Regel). Die größtmögliche Wirkung kann also erzielt werden, indem diese Fehler zuerst beseitigt werden.

Um ein Pareto-Diagramm zu erstellen, müssen als Erstes Daten ermittelt werden, z. B. mittels einer Fehlersammelliste. Diese werden dann mit ihrem relativen Gewicht multipliziert, in absteigender Rangfolge sortiert und auf der Abszisse von links nach rechts eingetragen (werden die Fehler nicht gewichtet, handelt es sich im Prinzip um ein geordnetes Histogramm). An der Ordinate werden die Auswirkungen (z. B. die entstehenden Kosten) abgetragen. Mit einer Summenkurve werden Auswirkungen und Bedeutung der Fehler visualisiert.

2.5 Ursache-Wirkungs-Diagramm

Ursache-Wirkungs-Diagramme werden zur strukturierten Analyse und Diskussion eines Problems im Team eingesetzt. Ausgangspunkt ist eine aufgetretene Wirkung (meist Fehler), für die nun mögliche Ursachen gesucht werden (Bild 2.5).

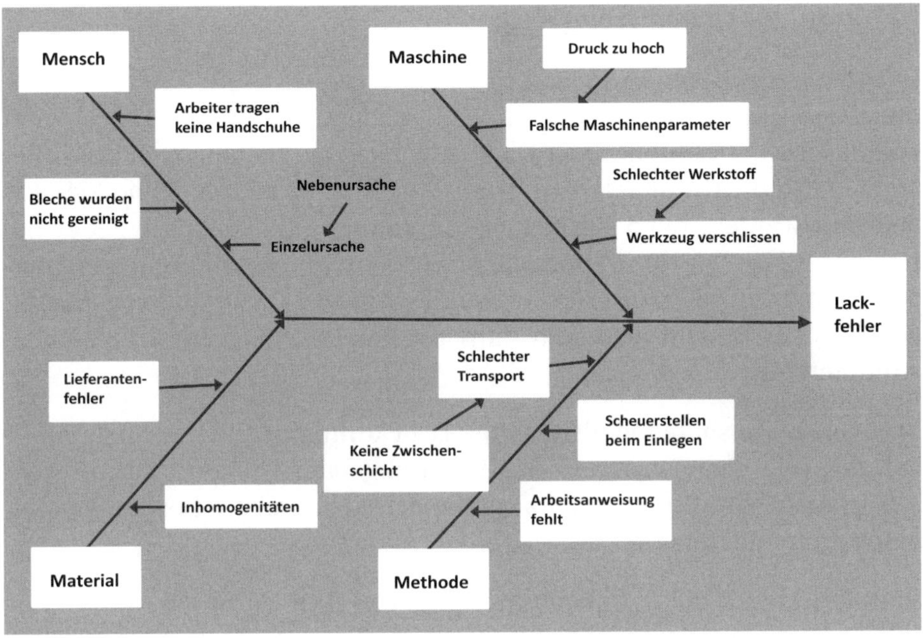

Bild 2.5 Ursache-Wirkungs-Diagramm

Vorteilhaft ist die Erstellung des Diagramms mittels einer Pinnwand, auf der zuerst die Wirkung und die fischgrätenähnliche Struktur des Diagramms aufgetragen werden. Nun werden die Ursachengruppen erster Ordnung mittels Karten angeheftet. Bewährt hat es sich, hier auf vier bis sieben Ursachengruppen zurückzugreifen. Hierfür werden die Oberbegriffe Mensch, Maschine, Material, Methode, Messmittel, Management und Milieu verwendet. Die Teammitglieder suchen nach den möglichen Einzel- oder Nebenursachen, die vorerst kritiklos übernommen und an die Pinnwand geheftet werden. Diese Phase wird meist durch Kreativitätstechniken wie Brainstorming, Brainwriting usw. unterstützt. In einer anschließenden Diskussion werden die gefundenen möglichen Ursachen diskutiert und von der Gruppe z. B. mithilfe von Klebepunkten bewertet. Ergebnis sind einige wenige Ursachenschwerpunkte, die nun genauer untersucht werden.

2.6 Brainstorming

Ziel des Brainstormings ist es, in einer Gruppe zu einem vorgegebenen Thema Ideen, Argumente oder Lösungsvorschläge zu finden, die anschließend – also nicht während des Brainstormings – diskutiert und kritisch beurteilt werden. Beim Brainstorming können alle Teammitglieder beteiligt werden. Eine Idee kann von einem anderen Teammitglied ergänzt oder weiter ausgebaut werden, dadurch wird die Kreativität gegenseitig angeregt. Es besteht also kein individuelles Urheberrecht an einer bestimmten Idee.

Brainstorming sollte möglichst ohne Druck durchgeführt werden, damit bei den Teilnehmern innere Barrieren abgebaut werden und die freie Assoziation bzw. die Kreativität gefördert wird. Dazu ist es notwendig, Spielregeln einzuhalten.

Brainwriting ist eine ähnliche Methode wie Brainstorming. Der Unterschied liegt darin, dass jeder Teilnehmer für sich Ideen sammelt und selber aufschreibt. Beim elektronischen Brainstorming wird das Brainstorming mithilfe elektronischer Meetingsysteme online durchgeführt. Durch die mögliche Anonymisierung und das parallele Eingeben der Ideen werden Einflüsse der Gruppendynamik eliminiert.

Brainstorming kann mit oder ohne Moderator umgesetzt werden. Wird ein Moderator bestimmt, so hat dieser die Aufgabe, in das Thema bzw. das Problem einzuführen, darauf zu achten, dass die Spielregeln eingehalten werden, und, falls der Kommunikationsfluss ins Stocken geraten ist, diesen wieder in Gang zu bringen bzw. bei Abschweifungen wieder zum Thema zurückzuführen. Der Moderator kann durch neutrale Zwischenfragen die Aufmerksamkeit in eine bestimmte Richtung lenken und so die Kreativität weiter fördern.

Die Umsetzung von Brainstorming ist einfach. In einem ersten Schritt wird das zu behandelnde Thema bzw. Problem erläutert und als eindeutige Fragestellung für alle sichtbar auf einem Flipchart oder Ähnlichem festgehalten. Nachfragen stellt sicher, dass jeder Teilnehmer die Frage verstanden hat.

In einem zweiten Schritt entwickelt und äußert jedes Teammitglied so viele Ideen wie möglich. Kritik sollte in dieser kreativen Phase möglichst vermieden werden. Brainstorming kann auf zwei Wegen durchgeführt werden:

Abhängig von der Teamgröße erhält jeder Teilnehmer eine oder mehrere Karten, auf die er jeweils eine Idee gut lesbar notiert. Die Karten werden dann gesammelt, laut vorgelesen und an das Flipchart geheftet.

Die Ideen und die Weiterentwicklung von Ideen werden von den Teilnehmern mündlich vorgetragen und am Flipchart deutlich lesbar notiert. Bei größeren Gruppen sollte eine Reihenfolge festgelegt werden, bei der alle Teilnehmer nacheinander eine Idee äußern. Dies wird dann so lange wiederholt, bis keine Ideen mehr gefunden werden, wobei für jedes Teammitglied die Möglichkeit besteht, bei einem Durchgang zu passen. In kleineren Teams kann die Reihenfolge auch entfallen. Die Ideen können dann von jedem zu jeder Zeit vorgetragen werden.

Beim Brainstorming gelten folgende Regeln:

- Das Problem und nicht die Lösung steht im Mittelpunkt, da ansonsten die Gefahr besteht, den Kreativitätsfluss einzuschränken.
- Jeder Teilnehmer hat die Möglichkeit, seine Ideen frei zu äußern, auch wenn diese zuerst einmal nicht relevant erscheinen.
- Die Ideen dürfen nicht in der Ideenfindungsphase beurteilt, Kritik oder Stellungnahmen müssen vermieden werden. Die Ideenbewertung erfolgt nach der Ideenfindung!
- Es sollten möglichst viele Ideen ohne Zeitdruck geäußert werden: Quantität geht vor Qualität.

2.7 Qualitätsregelkarte

Die Qualitätsregelkarte ist ein grafisches Hilfsmittel, um einen Prozess über einen Zeitraum hinweg fortlaufend zu beobachten. Im Rahmen der Q7 lassen sich mit ihr Prozessdaten zu einem aufgetretenen Problem sammeln, aus denen Lösungsansätze erarbeitet werden können. Häufiger finden Qualitätsregelkarten jedoch Anwendung bei der Statistischen Prozessregelung zur Überwachung eines fähigen Prozesses (siehe Kapitel 4 „Qualität in der Produktentwicklungsphase sichern"). In die Qualitätsregelkarte werden statistische Größen wie z. B. Mittelwert und Streuung von Stichproben eingetragen. Aus dem Verlauf dieser Größen kann dann auf Unregelmäßigkeiten geschlossen und entsprechend eingegriffen werden.

Die Prozessregelung mithilfe von Qualitätsregelkarten ist ein dauerhaftes Frühwarnsystem, um Fehler und Ausschuss zu vermeiden. Es kann bereits bei den ersten Anzeichen eines Fehlers in den Prozess eingegriffen werden und nicht erst dann, wenn die Toleranzgrenzen überschritten werden. Eine direkte Prozessverbesserung ist aber nicht möglich. Es werden nur kleine Abweichungen ausgeglichen und Ansatzpunkte für langfristige Verbesserungen aufgezeigt.

Besonders geeignet ist der Einsatz von Qualitätsregelkarten bei der Produktion von großen Stückzahlen. Der Maschinenbediener kann dabei selbst die Prozesskontrolle und -regelung vornehmen und muss nicht erst auf einen speziellen Kontrolleur warten.

2.8 Zusammenfassung

Die Q7 sind machtvolle Werkzeuge, anhand derer die meisten Probleme ermittelt und gelöst werden können. Ihre beste Wirkung erzielen sie allerdings im Zusammenspiel (Bild 2.6).

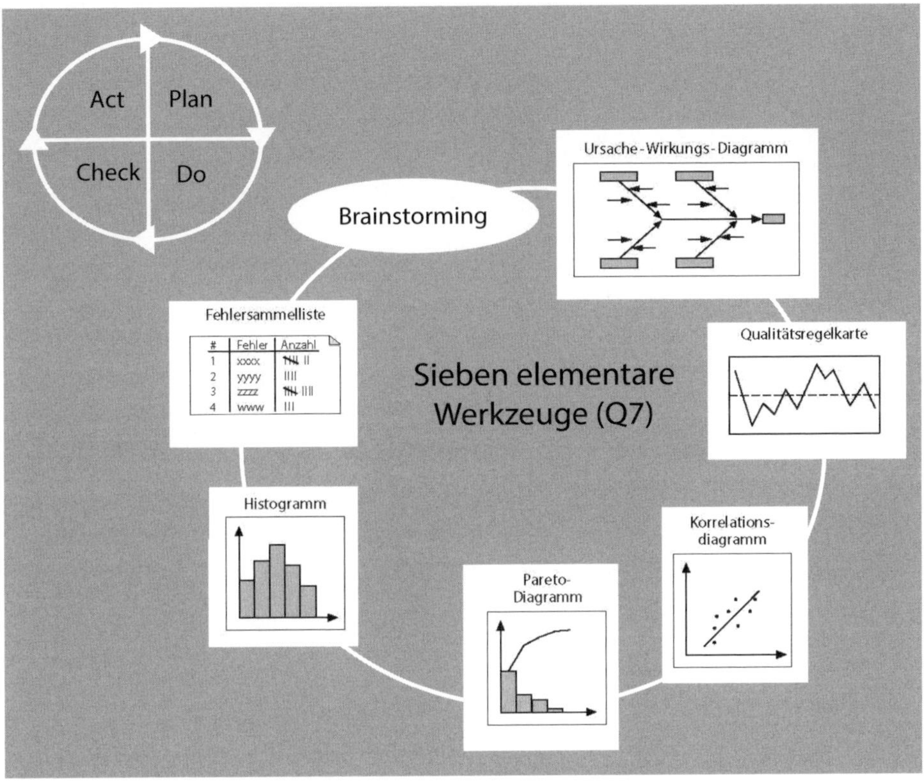

Bild 2.6 Sieben elementare Werkzeuge der Qualitätssicherung (Q7)

3 Sieben Managementwerkzeuge der Qualitätssicherung (M7)

Während die elementaren Werkzeuge der Qualitätssicherung vorwiegend zur Untersuchung numerischer Werte eingesetzt werden, sind die Managementwerkzeuge der Qualitätssicherung speziell zur Analyse „verbaler Daten" in der Produktentwicklung und -konzeption entwickelt worden, da hier in der Regel kaum numerische Daten vorliegen. Es handelt sich um Visualisierungstechniken, die zur Unterstützung des Problemlösungsprozesses in der Gruppe geeignet sind. Aus einer Vielzahl von einschlägigen Techniken sind bereits Anfang des vorherigen Jahrhunderts von einem Ausschuss der Japanese Union of Scientists and Engineers (JUSE) unter der Leitung von Yoshinobu Nayatani die im Folgenden dargestellten Methoden abgeleitet und zusammengestellt worden (Nayatani 1994).

Schon in der Phase der Qualitätsplanung werden die Managementwerkzeuge unterstützend eingesetzt. Hierbei lassen sich drei Teilschritte unterscheiden: Zunächst muss das Problem identifiziert und analysiert werden. Dazu werden das Affinitäts- und das Relationendiagramm benutzt. Dann müssen Lösungsmöglichkeiten gefunden, strukturiert und bewertet werden. Hier kommen das Baumdiagramm, das Matrixdiagramm und die Matrixdatenanalyse bzw. das Portfolio zum Einsatz. Schließlich muss eine sinnvolle Reihenfolge für die Umsetzung der Maßnahmen festgelegt werden, was mithilfe des Netzplans geschieht. Um möglichen Problemen bei der Umsetzung der gefundenen Lösung vorzubeugen, kann ein Problementscheidungsplan erstellt werden (Bild 3.1).

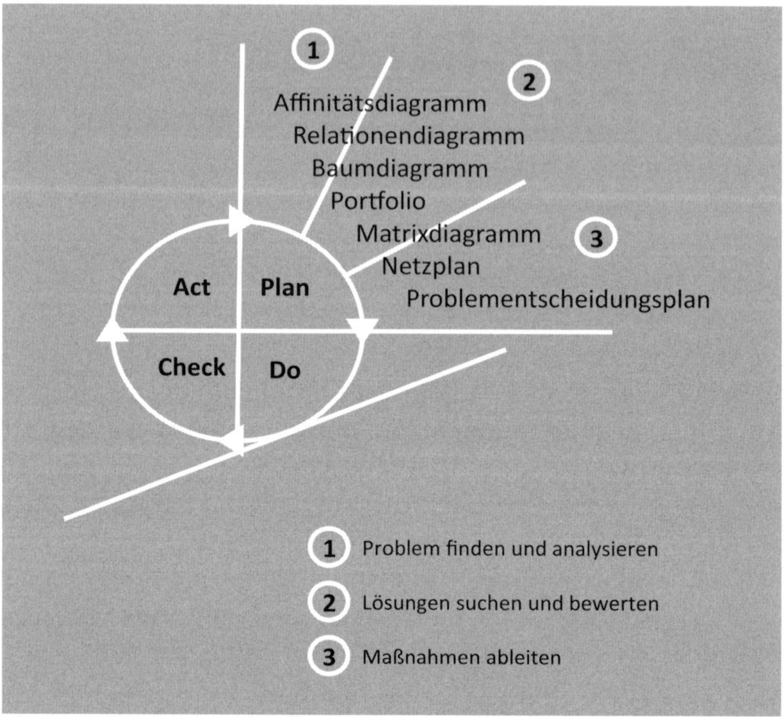

Bild 3.1 Einsatz der Managementwerkzeuge der Qualitätssicherung

Für die Durchführung der Managementwerkzeuge der Qualitätssicherung werden kaum Hilfsmittel benötigt. Es genügt ein großer Bogen Papier, eine Tafel, ein Flipchart oder eine Pinnwand, einige Stifte, möglichst verschiedenfarbig, einige Kärtchen oder besser noch Haftnotiz-Zettel, also im Prinzip Material, wie es in jedem Büro vorhanden ist. Die wichtigste Voraussetzung ist eine gut motivierte Gruppe von Mitarbeitern und ein mit den Methoden vertrauter Moderator, die in einer angemessenen Umgebung und ohne Zeitdruck zusammen arbeiten können.

3.1 Affinitätsdiagramm (Affinity Diagram)

Das Affinitätsdiagramm (Bild 3.2) ist ein Werkzeug, das die Strukturierung von Fakten, Ideen, Meinungen usw. unter passenden Oberbegriffen unterstützt. Die Ideen können durch Brainstorming oder Brainwriting erzeugt werden. Es gelten die bekannten Regeln: Quantität vor Qualität. Kritik ist zunächst verboten. Ideen können weiterentwickelt werden. Alle Ideen werden auf Karten oder Zetteln festgehalten. Für jede Idee wird nur eine Karte benutzt. Es wird große, von Weitem gut lesbare Schrift verwendet.

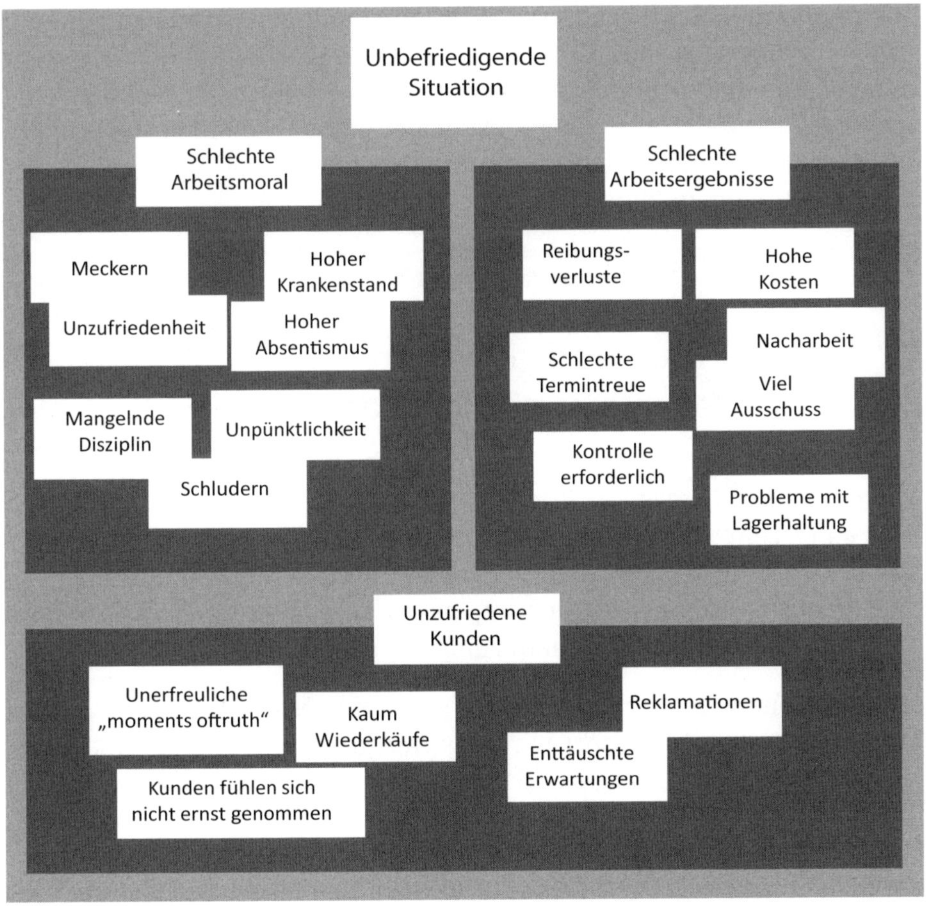

Bild 3.2 Affinitätsdiagramm

Alle Ideenkarten werden zunächst ungeordnet auf eine Pinnwand geheftet. Dann versucht die Gruppe, geeignete Oberbegriffe für die Ideen zu finden. Diese Überschriften werden ebenfalls auf Karten geschrieben, die Ideenkarten werden zugeordnet und Cluster gebildet, die zur Abgrenzung dick umrandet werden. Die auf diese Weise gebildeten Schwerpunkte können nun durch die Gruppe z. B. mithilfe von Klebepunkten bewertet werden. So entsteht ein strukturierter, bewerteter Pool von Fakten bzw. Gedanken – das Affinitätsdiagramm. Es wird vor allem dann eingesetzt, wenn eine komplexe Menge von Fakten oder Gedanken in schlecht überschaubarer Form vorliegt und nach Schwerpunkten gesucht wird.

Ein oft vernachlässigtes Element aller Visualisierungstechniken ist die Dokumentation der Ergebnisse. Das entstandene Affinitätsdiagramm wird fotografiert und der Abzug vervielfältigt. Jeder Teilnehmer bekommt seine persönlichen Unterlagen, sodass er die Ergebnisse der Diskussion vor Augen hat und weiter über den Sachverhalt nachdenken kann, um in der nächsten Gruppensitzung unmittelbar an die vorliegenden Ergebnisse anknüpfen zu können.

3.2 Relationendiagramm (Interrelationship Diagraph)

Das Relationendiagramm (Bild 3.3) geht von einem zentralen Problem oder einer zentralen Idee aus und zeigt die Zusammenhänge mit anderen Fakten auf. Mit dem Relationendiagramm soll das multidimensionale Denken gefördert werden, es lassen sich komplexe, nicht lineare Zusammenhänge oder Gedankengänge darstellen.

Das Relationendiagramm wird ebenfalls mithilfe von Karten und einer Pinnwand erstellt. Zunächst wird das Ausgangsproblem auf eine Karte geschrieben und angeheftet. Hier können auch die mithilfe des Affinitätsdiagramms gefundenen Oberbegriffe als Ausgangspunkt für die weitere Untersuchung des Problems verwendet werden. Man diskutiert, findet neue Aspekte, schreibt diese auf Karten, heftet die Karten an, stellt Beziehungen her und zeichnet diese als Pfeile ein. Die Pfeile sollen nur in eine Richtung weisen, gegebenenfalls muss die Gruppe sich in der Diskussion für die stärkere Einflussrichtung entscheiden. Zur Gewichtung der Wechselbeziehungen werden die von einer Karte ausgehenden bzw. eingehenden Pfeile gezählt, die Zahl wird auf die Karten geschrieben. Das Ergebnis ist eine strukturierte Darstellung der Wechselwirkungen verschiedener Aspekte eines Problems. Für die Teilnehmer der Diskussion ist das für den Außenstehenden zunächst verwirrend erscheinende Bild gut nachvollziehbar und gibt den Gedankengang der Gruppe wieder. Auch für das Relationendiagramm gilt, dass die Dokumentation des Ergebnisses wichtiger Bestandteil der Technik ist.

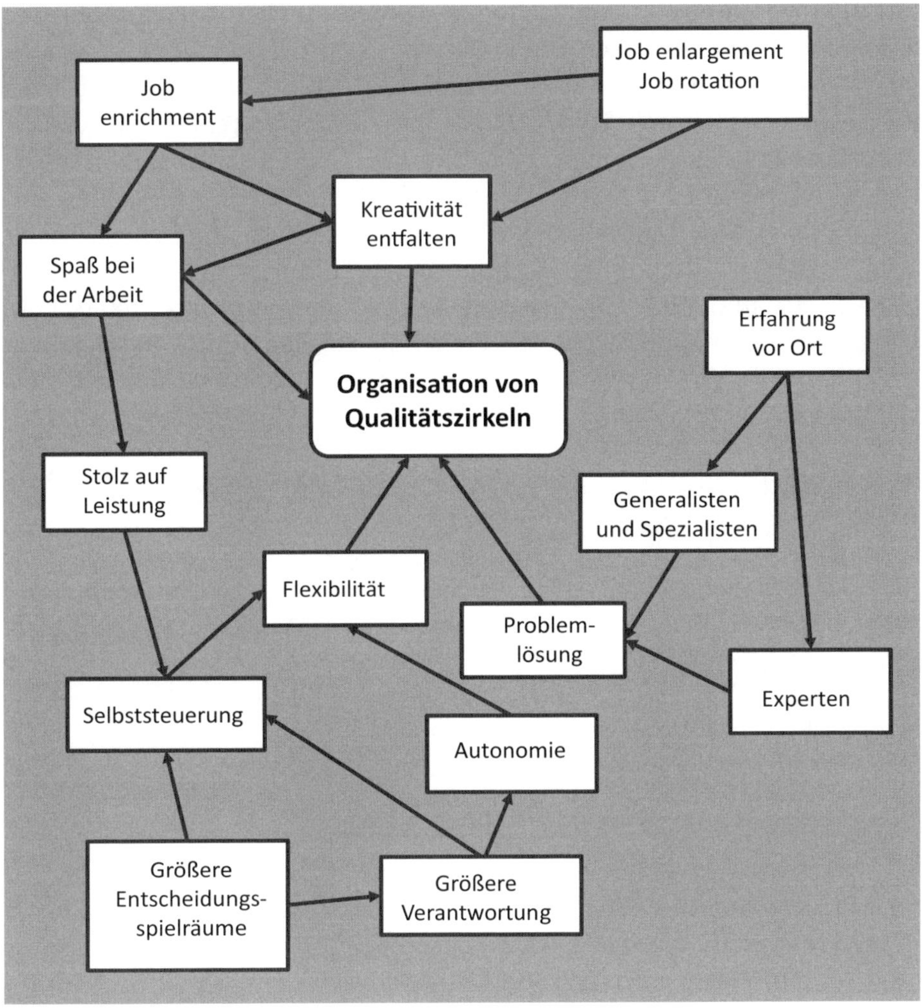

Bild 3.3 Relationendiagramm

Das Relationendiagramm wird auch eingesetzt, um komplexe Gedankengänge festzuhalten, die zu einem späteren Zeitpunkt weiterverfolgt werden sollen. Diese Anwendung heißt auch Mindmapping.

3.3 Baumdiagramm (Tree Diagram)

Mithilfe des Baumdiagramms (Bild 3.4) wird ein Problem in mehreren aufeinanderfolgenden Schritten systematisch auf mögliche Ursachen oder Lösungsmöglichkeiten hin untersucht. Der Unterschied zu dem auch als Ursache-Wirkungs-Diagramm bezeichneten Ishikawa-Diagramm besteht in der strikt systematischen und sequenziellen Vorgehensweise. Schritt für Schritt wird das Problem in seine Ursachen zerlegt. Eine andere Darstellungsform ist die Fehlerbaumanalyse (Fault Tree Analysis, FTA). Eine wichtige Ausprägungsform des Baumdiagramms ist unter der Bezeichnung Mittel-Ziel-Diagramm bekannt. In mehreren aufeinanderfolgenden Schritten werden mit zunehmendem Detaillierungsgrad die Mittel zur Erreichung eines bestimmten Ziels spezifiziert.

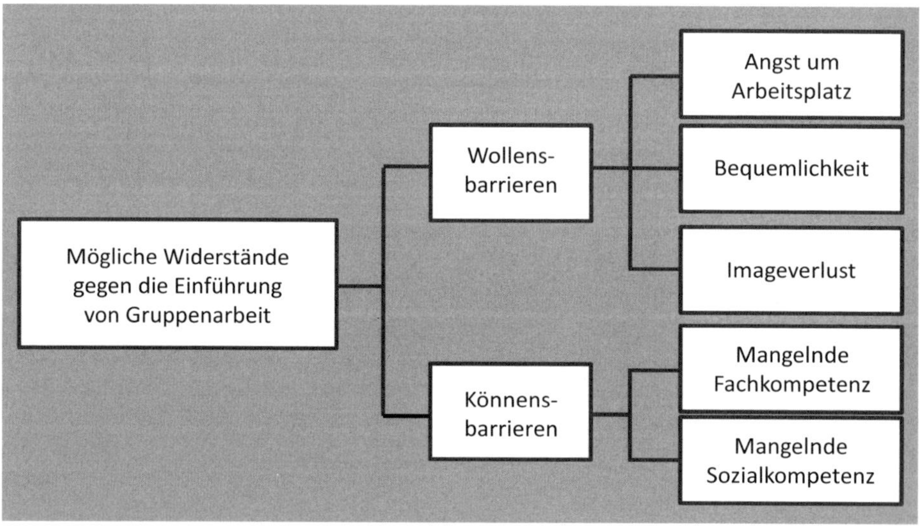

Bild 3.4 Baumdiagramm

Das Baumdiagramm wird ebenfalls in der Gruppe erstellt. Ausgangspunkt ist das durch Affinitäts- oder Relationendiagramm identifizierte Problem bzw. das erwünschte Ziel. Dieses Ziel wird in mehreren aufeinanderfolgenden Schritten mit zunehmendem Detaillierungsgrad hinsichtlich der zu seiner Erreichung erforderlichen Maßnahmen untersucht. Um von einer Betrachtungsebene zur nächsten zu gelangen, wird in jeder Sequenz immer wieder die Frage bearbeitet, wie man das nächste Teilziel erreichen kann. Alle Vorschläge werden auf Karten gesammelt, die dann in der typischen Baumstruktur vertikal oder horizontal an eine Pinnwand geheftet werden. Die Gruppe wertet die Maßnahmen hinsichtlich ihrer Durchführbarkeit. Das Ergebnis ist eine detaillierte übersichtliche Zusammenstellung der von der Gruppe beurteilten und gewichteten Maßnahmen zur Erreichung des gewünschten Ziels. Auch das Baumdiagramm wird in der Regel als Fotoprotokoll für alle Diskussionsteilnehmer festgehalten.

3.4 Matrixdiagramm (Matrix Diagram)

Mit dem Matrixdiagramm (Bild 3.5) können die Wechselwirkungen von unterschiedlichen Aspekten eines Problems in den durch die Spalten und Zeilen einer Matrix gebildeten Feldern anschaulich dargestellt werden. Bei der Erstellung des Matrixdiagramms wird in der Gruppe mit einfachen Hilfsmitteln wie Flipchart oder Pinnwand gearbeitet. Je nach Problemlage werden L-, T- oder X-förmige Matrizes (zwei-, drei- und vierachsig) eingesetzt.

Die L-Matrix ist ein Diagramm, das zwei Dimensionen eines Problems gegenüberstellt. Zunächst muss dazu festgestellt werden, ob überhaupt eine Beziehung zwischen zwei Ausprägungen der betrachteten Dimensionen des Problems besteht. Falls dies der Fall ist, kann man im entsprechenden Feld der Matrix die Art der Beziehung z. B. durch die Verwendung unterschiedlicher Symbole bewerten. Eine typische Anwendung der L-Matrix ist das in der Qualitätsfunktionendarstellung (QFD) verwendete Qualitätshaus (HoQ). In der Grundmatrix werden die Anforderungen an ein Produkt einerseits aus Sicht der Kunden, andererseits aus Sicht der Konstrukteure dargestellt. Die entstehenden Felder werden im Idealfall von einer Gruppe aus Kunden und Konstrukteuren hinsichtlich der Stärke der Wechselwirkung beurteilt. Die Ergebnisse finden dann in der Qualitätsplanung Verwendung.

Phasen / Zuständigkeit	Bewußtseins-bildung	Pilotzirkel	Einteilung von Gruppen	Fragebogenaktion	Training/ Coaching	Präsentation	…
Geschäftsleitung	◇			◇			
QS-Stelle	●	◇↻	◇	●	↻	◇↻	
Personalwesen	↻			↻	◇↻	↻	
Fertigung					●		
Einkauf/Vertrieb					●		
Arbeitsvorbereitung		●	↻		●		
…							

◇ : Verantwortung
● : Beteiligung
↻ : Durchführung

	Bewusstseinsbildung	Pilotzirkel	Einteilung von Gruppen	Fragebogenaktion	Training/Coaching	Präsentation	…
Geschäftsleitung	◇			◇			
QS-Stelle	●	◇↻	◇	●	↻	◇↻	
Personalwesen	↻			↻	↻◇	↻	
Fertigung					●		
Einkauf/Vertrieb					●		
Arbeitsvorbereitung		●			●		
…							

↻: Durchführung; ◇: Verantwortung; ●: Beteiligung

Bild 3.5 Matrixdiagramm, L-Form

Die T-Matrix ist eine Kombination aus zwei L-Matrizes. Zwei Dimensionen werden hinsichtlich einer gemeinsamen dritten Dimension gegenübergestellt. Die X-Matrix ist eine Kombination aus vier L-Matrizes. Bei der Erstellung geht man prinzipiell wie bei der L-Matrix vor. Der Informationsgehalt von T- und X-Matrix ist entsprechend komplexer.

3.5 Matrixdatenanalyse (Matrix Data Analysis)

Mithilfe der Matrixdatenanalyse können die im Matrixdiagramm erfassten Daten weiter untersucht und in einem Achsenkreuz gegenübergestellt werden.

Dazu wird mithilfe spezieller statistischer Methoden (Principle Component Analysis) die Struktur des vorliegenden Problems untersucht und in einem Achsenkreuz dargestellt. Eine detaillierte Diskussion der statistischen Hintergründe würde hier jedoch zu weit führen, da eine statistische Auswertung im Rahmen der Managementwerkzeuge der Qualitätssicherung eigentlich zu aufwendig ist; schließlich handelt es sich um Kreativitätstechniken, die eine spontane Analyse verbaler Daten unterstützen sollen. Das für die Matrixdatenanalyse verwendete Diagramm (Bild 3.6) erinnert an die Portfoliomethode, die z. B. in der Marktforschung und der strategischen Planung eingesetzt wird. Diese Technik dient der qualitativen Gegenüberstellung von Betrachtungsobjekten hinsichtlich mehrerer Dimensionen. Zur Erstellung eines Portfolios werden zunächst die Dimensionen bestimmt, anhand derer die Gegenüberstellung durchgeführt werden soll. Die Dimensionen sollten einen in Richtung und Stärke kontinuierlichen Verlauf haben. Dann werden die betrachteten Objekte zugeordnet. Durch die Darstellung der Objekte mithilfe geeigneter Symbole und in unterschiedlicher Größe können zusätzliche Dimensionen einbezogen werden. Im Ergebnis entsteht eine sehr anschauliche qualitative Darstellung der Position der betrachteten Objekte, die die inhaltliche Diskussion der Gruppe visuell unterstützen kann.

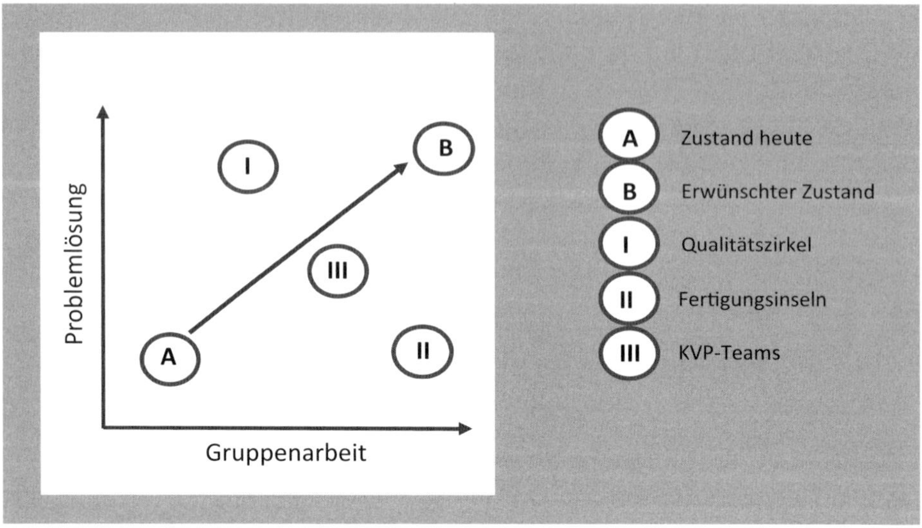

Bild 3.6 Portfolio

3.6 Problementscheidungsplan (Problem Decision Program Chart)

Ein Problementscheidungsplan (Bild 3.7) wird angefertigt, um möglichen Schwierigkeiten bei der Umsetzung einzelner Teilschritte einer Lösung vorzubeugen. Ähnlich der Fehlermöglichkeits- und -einflussanalyse (FMEA) werden schon im Vorfeld alle potenziellen Hindernisse untersucht und geeignete Gegenmaßnahmen festgelegt. Man unterscheidet zwei inhaltlich identische Darstellungsformen: die grafische Darstellung und die Textform. Für die Textform werden die in der Grafik als geometrische Symbole dargestellten Teilschritte bzw. Maßnahmen verbal beschrieben und mit einer Referenznummer versehen. Im Einzelfall kann die Textform übersichtlicher sein als die grafische Darstellung.

Im Allgemeinen geht man zur Entwicklung des Problementscheidungsplans von der mithilfe des Baumdiagramms hergeleiteten erwünschten Lösung aus. Die Teilschritte zur Erreichung dieses Ziels werden in ihrer logischen bzw. zeitlichen Abfolge abgeleitet. Für jeden einzelnen Teilschritt wird nun untersucht, welche Schwierigkeiten sich bei der Umsetzung ergeben könnten. Schließlich werden z. B. durch Brainstorming mögliche Gegenmaßnahmen oder Alternativen gefunden und festgehalten. Diese werden durch die Gruppe auf ihre Durchführbarkeit hin bewertet. Aus Gründen der Übersichtlichkeit ist es ratsam, das Diagramm in nicht mehr als zwei bis drei Ebenen zu untergliedern. Gegebenenfalls müssen mehrere korrespondierende Problementscheidungspläne angefertigt werden.

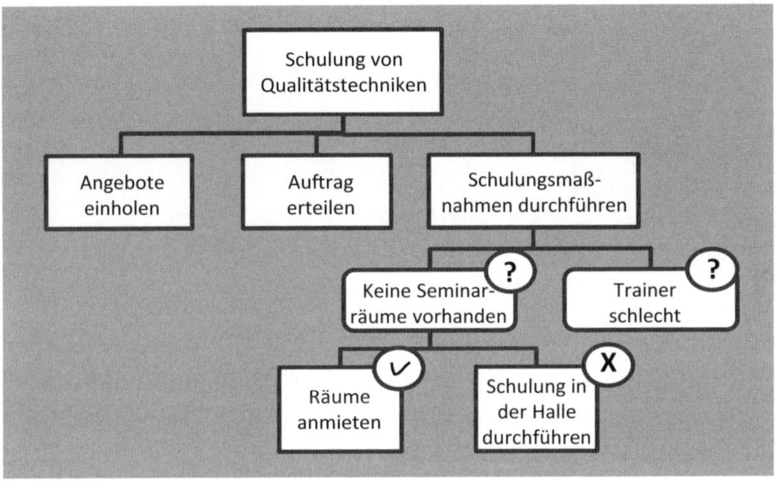

Bild 3.7 Problementscheidungsplan

3.7 Netzplan (Activity Network Diagram, Arrow Diagram)

Netzpläne (Bild 3.8) werden angewandt, um unübersichtliche Projekte durch die grafische Aufbereitung leichter überschaubar zu machen. Der Vorteil von Netzwerkdarstellungen ist die anschauliche Darstellung der gegenseitigen (zeitlichen) Abhängigkeiten von Vorgängen und Ereignissen. Man unterscheidet je nach Anwendungsfall verschiedene Formen von Netzplänen: Vorgangsknoten-Netzpläne (Zuordnung von Vorgängen zu Knoten, z. B. Metra Potential Method, MPM), Vorgangspfeil-Netzpläne (Zuordnung der Vorgänge zu Pfeilen, z. B. Critical Path Method, CPM) und Ereignisknoten-Netzpläne (Zuordnung der Ereignisse zu Knoten, z. B. Program Evaluation and Review Technique, PERT). Netzpläne sind für größere Projekte nahezu unverzichtbar; um die ständige Aktualisierung von Netzplänen zu erleichtern, werden eine Reihe von Softwareprodukten angeboten.

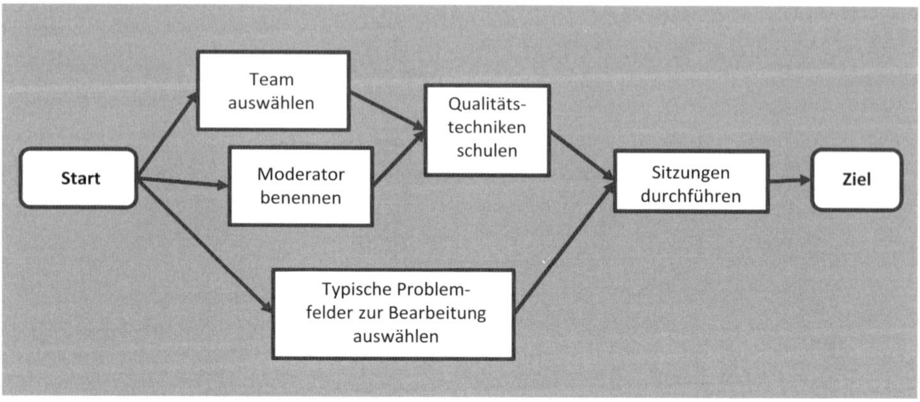

Bild 3.8 Netzpläne

Für den Einsatz als Managementwerkzeug genügt eine einfache Form der Netzplantechnik, um das geplante Vorgehen darzustellen und darüber diskutieren zu können. Ereignisse werden als Kreise, Rechtecke usw. dargestellt, Vorgänge als Pfeile. Die Dauer der Vorgänge (minimal/maximal) kann an den Pfeilen vermerkt werden, einzelne kritische Vorgänge bzw. der sogenannte kritische Pfad, dessen Verzögerung den Endtermin des gesamten Projekts beeinflussen würden, können farbig hervorgehoben werden.

3.8 Zusammenfassung

Jedes der Sieben Managementwerkzeuge für sich genommen ist auch isoliert sehr wirkungsvoll. In der Verbindung der Werkzeuge liegt jedoch zusätzlicher Nutzen: Die M7 sind so konzipiert, dass sie aufeinander aufbauen und sich nahtlos in das Gefüge der bestehenden Werkzeuge der Qualitätssicherung einfügen lassen (Bild 3.9).

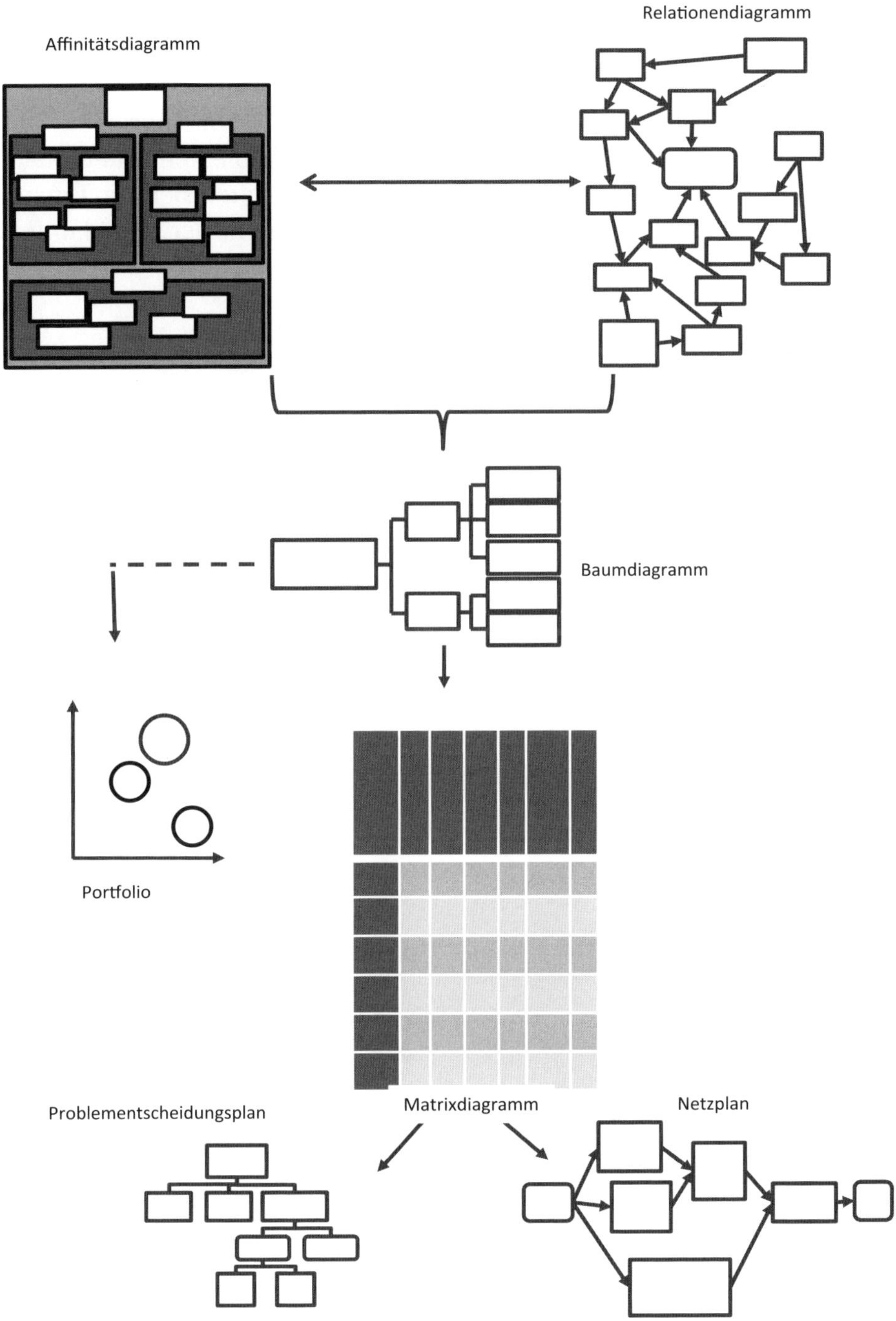

Bild 3.9 Zusammenwirken der M7

Ausgangspunkt einer Problemlösung kann entweder das Affinitätsdiagramm oder das Relationendiagramm sein. Mit diesen Werkzeugen werden zunächst Schwerpunkte herausgearbeitet. Hat man diese Schwerpunkte identifiziert, so können sie mithilfe des Baumdiagramms auf Maßnahmen heruntergebrochen werden. Mit dem Problementscheidungsplan können für eventuell auftretende Schwierigkeiten bei der Umsetzung Gegenmaßnahmen im Vorfeld festgelegt werden. Der Netzplan fördert die Übersicht bei der Detailplanung der Umsetzung.

Die Sieben Managementwerkzeuge der Qualitätssicherung sind eine sehr gute methodische Hilfe bei der Strukturierung und Visualisierung von Problemen und unterstützen damit alle Phasen des Problemlösungsprozesses. Sie stellen eine Weiterentwicklung sowie Ergänzung der bestehenden Qualitätstechniken dar und sind besonders geeignet zum Einsatz bei der Arbeit in Gruppen für die Analyse verbaler Daten. ■

4 Qualität in der Produktentwicklungsphase sichern

Zunehmende Komplexität der Technik, das gestiegene Qualitätsbewusstsein der Verbraucher, Konkurrenzdenken und die notwendigerweise erhöhte Produktivität fordern gerade im Bereich der Produktentstehungsphasen vor Serieneinsatz neue Methoden zur Sicherung und Steigerung der Qualität.

Jede Branche und jedes Unternehmen können dabei unterschiedliche Wege gehen. Mit einer gegenüber dem Wettbewerber besseren Vorgehensweise kann man Vorteile erzielen. Die Vorteile können sich qualitäts- oder kostenmäßig auswirken, aber auch in der geringeren Länge der Entwicklungszeit liegen oder in allen drei Kriterien bzw. in ihrer Kombination.

> Die frühe Entwicklungs- und Planungsphase verlangt einen verstärkten Arbeitseinsatz aller beteiligten Fachabteilungen. Änderungen grundsätzlicher Art am Produkt sind nur noch bedingt möglich, wenn die Produktentwicklung schon vorangeschritten ist, da alle voneinander abhängenden Produktelemente Schritt für Schritt auf eine Verträglichkeit mit der Änderung untersucht werden müssen. ■

Bei aller Verschiedenheit gibt es Grundregeln, auf die hier hingewiesen wird. Während die qualitätsschöpfenden und -sichernden Maßnahmen von den Fachbereichen ausgeführt werden müssen, werden sie von der Institution „Qualitätswesen“ in dieser Beziehung koordiniert, angeleitet, aber auch kontrolliert.

Tabelle 4.1 zeigt die einzelnen Meilensteine im Entwicklungsablauf. Bild 4.1 visualisiert den zeitlichen Verlauf des Entwicklungsablaufs.

Tabelle 4.1 Die einzelnen Meilensteine im Entwicklungsablauf

1. Zieldefinition/ Zielkatalog	Externe (Qualitäts-)Kriterien ▪ Kundenanforderungen ▪ Gesetzesvorgaben (eventuell länderspezifisch) ▪ Standard des Wettbewerbs Interne (Qualitäts-)Kriterien ▪ Produktidee ▪ Qualitätsziele zu Zuverlässigkeit, Lebensdauer, Komfort usw. ▪ Kostenlimit ▪ Volumenvorgabe ▪ Termin für Start der (Serien-)Fertigung
2. Lastenheft (häufig unterteilt in Lastenheft I und Lastenheft II)	▪ Technische Produktbeschreibung ▪ Detaillierung der Qualitätsziele auf die einzelnen Aggregate/ Bauteile ▪ Konstruktionsentwürfe ▪ Stylingmodelle ▪ Stücklistenerstellung ▪ Terminplanung ▪ Fertigungsplanungsgerechte Zeichnungen
3. Entwicklung und Produktionsplanung	▪ Erstellung Serienzeichnung einschließlich Produkt-FMEA ▪ Bezugsartfestlegung ▪ Eigenfertigung/Kaufteil ▪ Fertigungs- und Prüfplanung einschließlich Prozess-FMEA ▪ Beurteilung der Qualitätsfähigkeit der Eigenfertigung (soweit vorhanden) und Lieferanten – Quality Gate ▪ Abgleich Zeichnungstoleranz und Maschinenfähigkeit ($c_{pk} > 1,3$) ▪ Prototypenerprobung
4. Beschaffungs- und Vorserie	▪ Detaillierung Fertigungs- und Prüfpläne ▪ Beschaffung und Prüfung Betriebsmittel ▪ Herstellung/Beschaffung Vorserienteile für Produktionsversuchsserie (PVS) ▪ Qualitätsbewertung der PVS und Hochrechnung der Qualitätszielerreichung ▪ Musterprüfung ▪ Erstellung der Kundendienst-Hilfsmittel (Unterlagen und Werkzeuge) ▪ Fertigung und Montage (Pilotserie) ▪ Erprobung Pilotserie (Großversuch) ▪ Fertigung und Montage (Nullserie) ▪ Beurteilung Nullserie und Qualitätszielerreichung ▪ Entscheidung über Serienanlauf

Tabelle 4.1 *Fortsetzung*

5. Serie	▪ „Job No. 1“ und Anlaufkurve ▪ Serienfertigung und Markteinführung ▪ Qualitätsbeurteilung Feldverhalten ▪ Bewertung Kundenreaktionen

Jeden Einzelschritt (Bild 4.2) erst dann zu tun, wenn der vorhergehende positiv abgeschlossen ist, würde den Entwicklungsablauf sehr in die Länge ziehen. Ein schnellerer Wettbewerber hätte sich Marktanteile erobern können. Deshalb werden häufig einzelne Vorgänge mit Überlappung bearbeitet. Zum Beispiel werden Betriebsmittel schon bestellt, bevor die endgültige Konstruktionszeichnung des Bauteils, das mithilfe des Betriebsmittels gefertigt wird, vorliegt.

Arbeitsplätze von Konstrukteuren, Planern und Qualitätssicherern werden in einen Raum zusammengeführt, um den Wissens- und Meinungsaustausch zu fördern (Simultaneous Engineering).

Werden Qualitätstechniken eingesetzt, so wird Simultaneous Engineering ermöglicht (Bild 4.3). Überlapptes Arbeiten verlangt jedoch wiederholtes Prüfen, ob die Annahmen sich bestätigt haben oder Korrekturen erforderlich sind.

Tabelle 4.2 zeigt die Qualitätstechniken in der Produktentwicklungsphase.

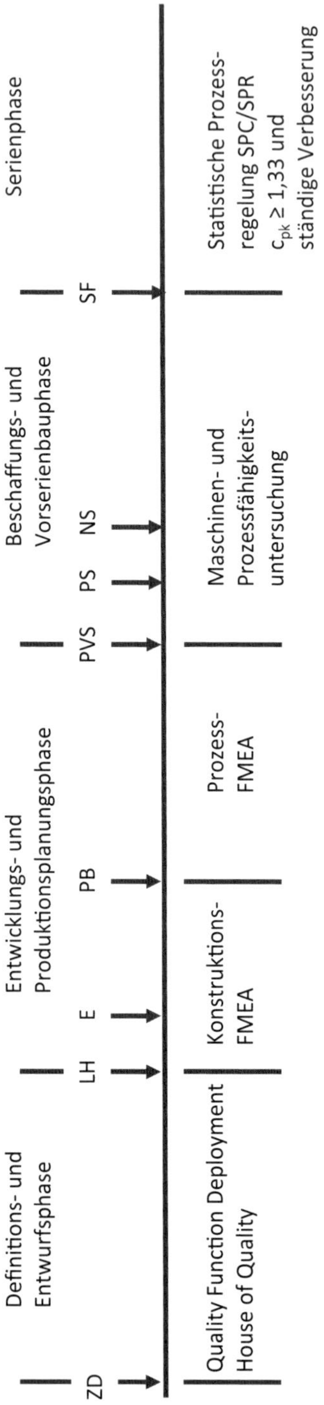

ZD Zieldefinition, Zielkatalog
LH Lastenheft
E Entwicklung
PB Prototypenbau und Erprobung
PVS Produktionsversuchsserie
PS Pilotserie
NS Nullserie
SF Serienfertigung

Bild 4.1 Entwicklungsablauf

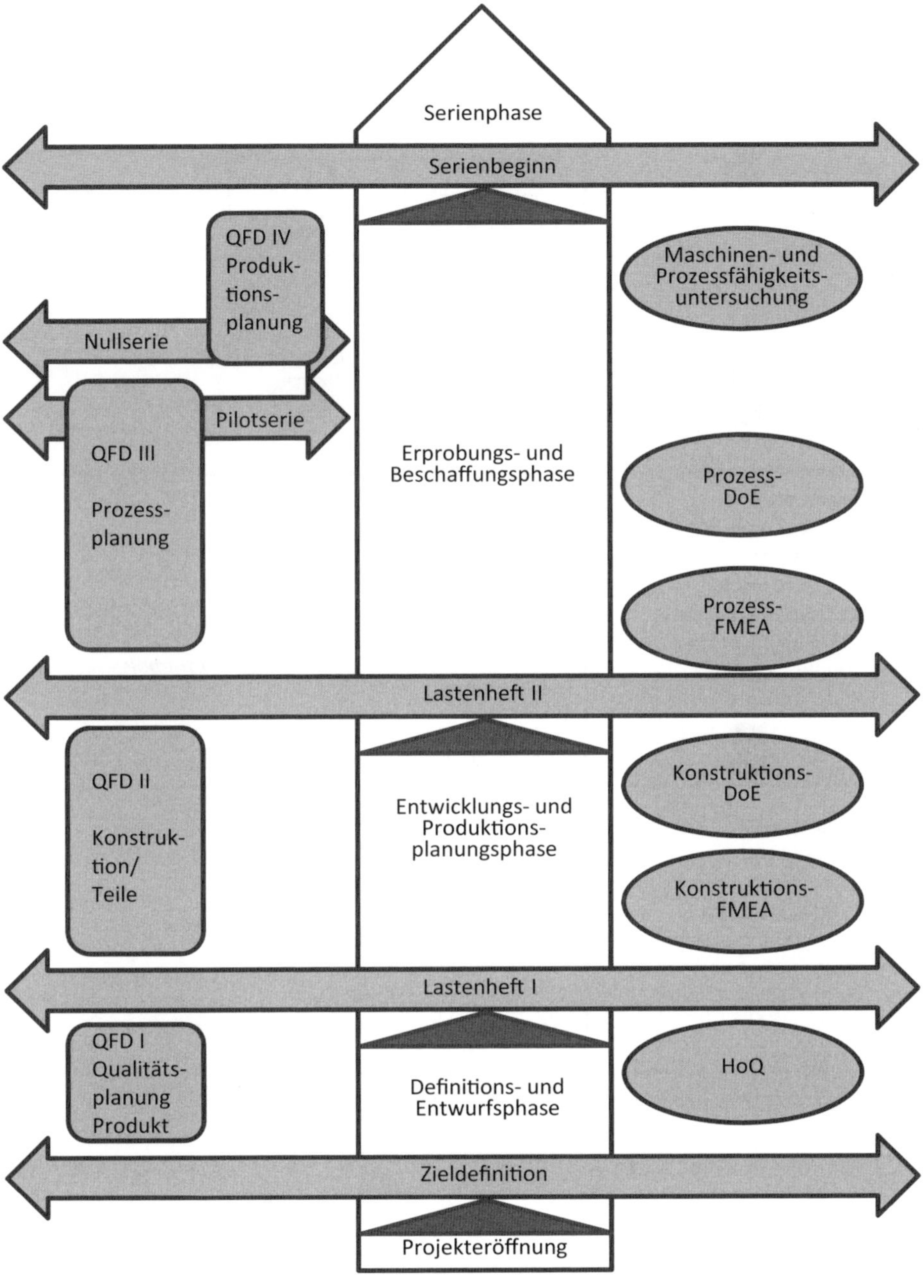

Bild 4.2 Qualitätssicherung in der Produktentwicklungsphase

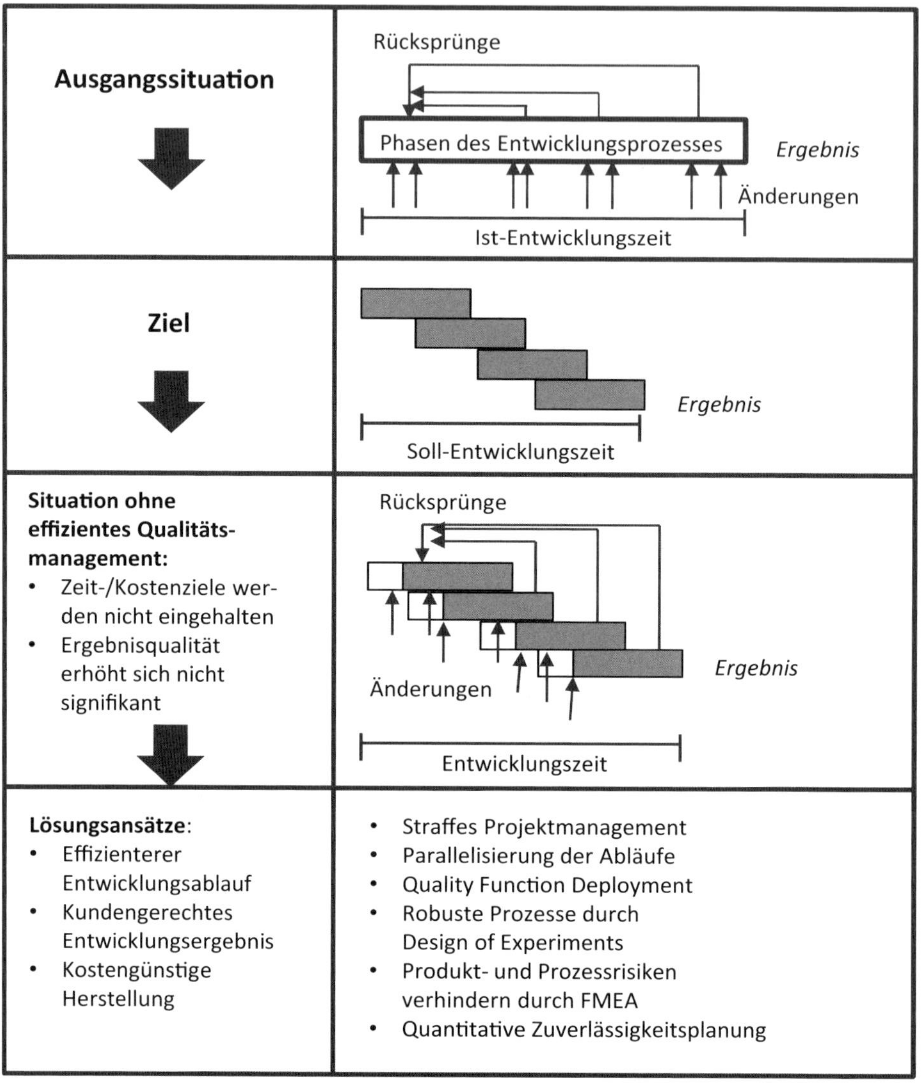

Bild 4.3 Qualitätstechniken ermöglichen Simultaneous Engineering

Tabelle 4.2 Qualitätstechniken in der Produktentwicklungsphase

HoQ (House of Quality)	
Ziel:	Umsetzen der Kundenwünsche in messbare Qualitätsmerkmale
Ergebnis:	Kritische Qualitätsmerkmale
Konstruktions-FMEA (Fehlermöglichkeits- und Einflussanalyse)	
Ziel:	Absichern der Konstruktion gegen Schwachstellen
Ergebnis:	Risikoprioritätszahl RPZ
Konstruktions-DoE (Design of Experiments)	
Ziel:	Produkte robust gegenüber Störungen machen
Ergebnis:	Signal-Rauschverhältnis S/N und Qualitätsverlustfunktion
Prozess-FMEA	
Ziel:	Absichern des jeweiligen Prozesses gegen Schwachstellen
Ergebnis:	Siehe Konstruktions-FMEA
Prozess-DoE	
Ziel:	Prozesse robust gegenüber Störungen machen
Ergebnis:	Siehe Konstruktions-DoE
Maschinen- und Prozessfähigkeitsuntersuchung	
Ziel:	Bewertung der Maschinen und der Prozesse auf ihre Fähigkeit hin sicher zu sein
Ergebnis:	Prozessfähigkeitsindex $c_{pk} > c_{mk}$

4.1 Qualitätsfunktionendarstellung (QFD)

Die Konstruktions- und Entwicklungsabteilung eines Unternehmens legt mit ihrem Entwurf die Qualität eines Produkts weitgehend fest. Hier wird vorgegeben, auf welche Weise die Anforderungen des Kunden an das Produkt umgesetzt werden. Dabei besteht die schwierige Aufgabe von Entwicklern und Konstrukteuren darin, das Anforderungsprofil (Qualitätsfunktion) des Kunden richtig zu erfassen und sinngerecht umzusetzen. Leicht kommt es zu Missverständnissen, wenn nicht auf die „Stimme des Kunden" gehört wird oder wenn man sich nicht versteht.

Mithilfe der Qualitätsfunktionendarstellung (QFD, englisch Quality Function Deployment) kann solchen Missverständnissen vorgebeugt werden. Die QFD ist ein Kommunikations- und Planungsinstrument, das von der Produktentwicklung bis hin zur Beobachtung der Produkte im Markt konsequent die Anforderungen des Kunden in dessen Sprache berücksichtigt und in mehreren Planungsstufen in die Sprache des Unternehmens übersetzt. Die Übersetzungsarbeit konzentriert sich zunächst auf die wesentlichen und kritischen Designanforderungen an das Produkt, in weiteren Planungsstufen auf die Prozessmerkmale bis hin zur Optimierung aller Produktionsparameter. Der besondere Vorteil der QFD liegt in der systematischen Beseitigung von Schnittstellenproblemen und der Objektivierung des gesamten Planungsprozesses.

Im Mittelpunkt der QFD-Methode steht eine Übersetzungsmatrix – das von dem Japaner Akashi Fukuhara entwickelte Qualitätshaus (House of Quality, HoQ). Kundenanforderungen und Designanforderungen werden in Matrixform übersichtlich gegenübergestellt. Hiermit lassen sich schon in frühen Phasen des Entwicklungsprozesses Unstimmigkeiten und Widersprüche zwischen diesen erkennen. Produktspezifikationen, die nicht den Kundenerwartungen entsprechen, können auf diese Weise weitgehend vermieden werden.

Voraussetzung für die erfolgreiche Durchführung der QFD ist die Bildung eines Teams, das sich aus Fachleuten verschiedener Funktionsbereiche des Unternehmens zusammensetzt. Ein mit der Methode vertrauter Moderator leitet die QFD-Sitzungen. Zunächst werden die wirtschaftlichen, technischen und marktstrategischen Eckdaten für das Produkt festgelegt; vor allem aber muss eine genaue Definition des Kunden und seiner Qualitätsansprüche erfolgen.

Um das HoQ (siehe Bild 4.4) aufzubauen, werden zuerst die Anforderungen des Kunden an das Produkt erfasst und strukturiert zusammengestellt. Zur Bereitstellung der notwendigen Informationen wird auf geeignete Quellen wie Marketinguntersuchungen, Händlerhinweise, Kundenbefragungen usw. zurückgegriffen. Dieser erste Planungsschritt ist der wichtigste und schwierigste zugleich, da hier der „Kunde definiert" und mit „Kundenstimme gesprochen" werden muss. In der Regel kann man primäre, sekundäre und tertiäre Merkmale unterscheiden. Es genügen 15 bis 20 Anwendungen, da die Darstellung sonst sehr schnell unübersichtlich wird.

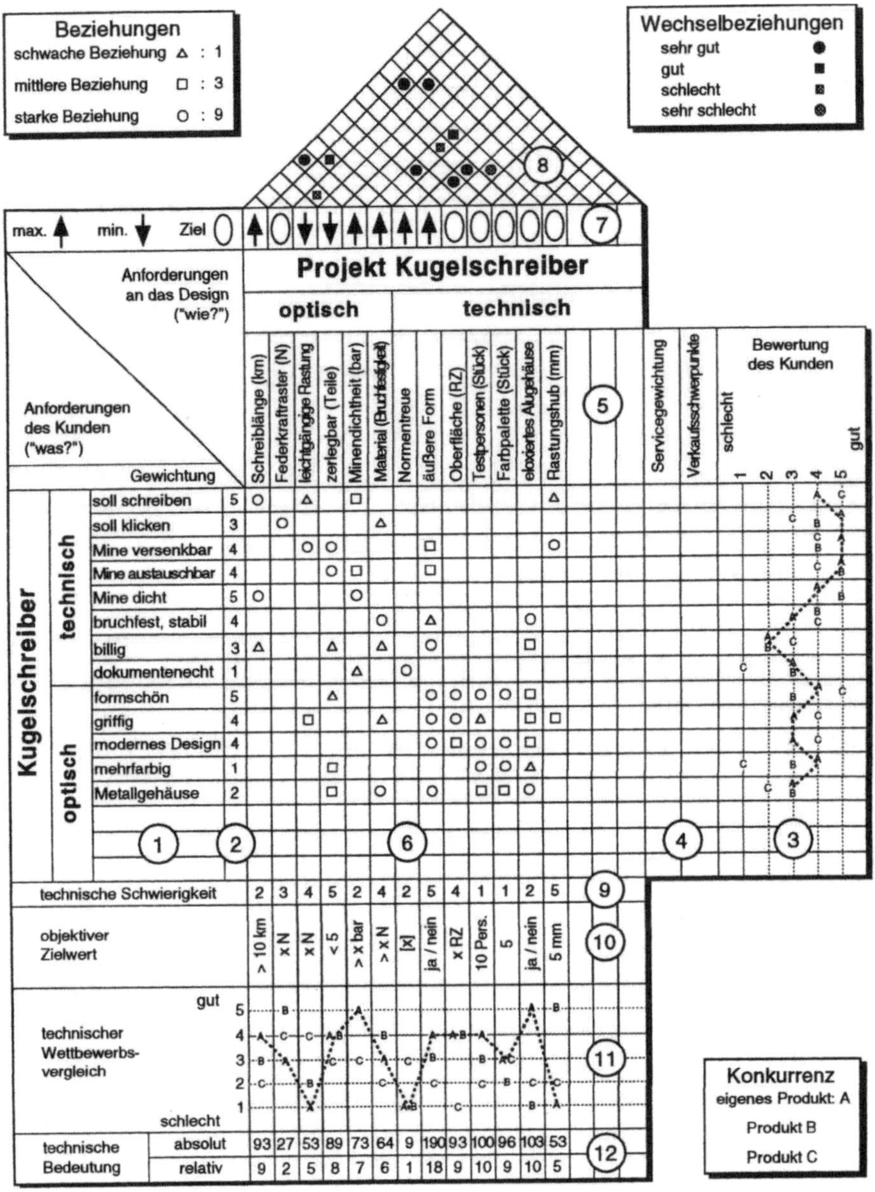

Bild 4.4 Qualitätshaus

Da nicht jede Kundenanforderung die gleiche Priorität hat, werden sie durch den Kunden gewichtet. Hierfür stehen wiederum verschiedene Hilfstechniken wie der Paarweise Vergleich oder das Rangreihenverfahren zur Verfügung. Die Anforderungen werden mit Wettbewerbsprodukten verglichen, woraus ein Profil erstellt werden kann, das Stärken und Schwächen des neuen Produkts erkennbar werden lässt. Wird der Erfolg eines Produkts wesentlich durch den Service bestimmt, zeigt die Servicegewichtung den Entwicklern als zusätzliche Information an, welche technischen Merkmale hierfür besonders zu gestalten sind. Mit der Festlegung von Verkaufsschwerpunkten wird vorgegeben, auf welche produktspezifischen Aktivitäten sich das Unternehmen konzentrieren soll.

Der konsequenten Kundenorientierung der Methode entsprechend wird erst die horizontale, kundenspezifische Achse des HoQ vollständig bearbeitet, bevor mit der vertikalen, technikspezifischen Achse begonnen wird.

In einem zweiten Schritt werden die zu realisierenden Anforderungen an das Produktdesign in der Sprache des Konstrukteurs formuliert (5). Auch hier werden zunächst primäre, dann sekundäre und schließlich tertiäre Merkmale herausgearbeitet.

Nun kann in der aus den Kundenanforderungen und technischen Designanforderungen gebildeten Matrix die Stärke ihrer Beziehungen bewertet werden. Hierzu werden aus Gründen der Anschaulichkeit Symbole verwendet, die jeweils einer Wertzahl entsprechen (schwache Beziehung: 1, mittlere Beziehung: 3, starke Beziehung: 9).

Die Optimierungsrichtungen (Minimum, Maximum bzw. Zielwert oder -bereich) für die Designanforderungen werden ebenfalls mit Symbolen bezeichnet. In einer zusätzlichen Matrix, dem „Dach“ des Qualitätshauses, werden die Wechselwirkungen der technischen Merkmale angegeben. Jede technische Eigenschaft wird entsprechend ihrer festgelegten Orientierungsrichtung im Verhältnis zu den anderen technischen Merkmalen diskutiert und mithilfe von entsprechenden Symbolen, die die Stärke der Beziehungen charakterisieren, bewertet. Zielharmonie, Zielneutralität und Zielkonflikt werden so festgestellt und berücksichtigt.

Daraufhin werden die technischen Schwierigkeiten bei der Umsetzung der Designanforderungen bewertet und wird ein objektiver Zielwert in der entsprechenden Dimension angegeben. Die Spezifikationen des neuen Produkts werden mit den technischen Merkmalen der Wettbewerberprodukte verglichen.

Mithilfe eines einfachen Rechenschemas kann nun die Bedeutung der technischen Merkmale bewertet werden. Das Gewicht der Anforderungen des Kunden wird mit der Wertigkeit der Beziehung zwischen Kundenanforderungen und Designanforderungen multipliziert und spaltenweise aufaddiert. Hieraus lässt sich die absolute und relative technische Bedeutung der kritischen Designanforderungen ermitteln. Die auf diese Weise gebildete Rangfolge ist Ausgangspunkt für den folgenden QFD-Planungsschritt (Bild 4.5).

In der Regel werden mehrere Phasen durchlaufen, wobei die Anzahl vom Detaillierungsgrad der Untersuchung abhängt. Man unterscheidet dabei die Qualitätspläne Produkt, Baugruppen/Teile, Prozess und Produktion, um die Kundenanforderungen bis zu einzelnen Arbeits- und Prüfanweisungen herunterzubrechen. Jeder QFD-Planungsschritt wird in einem HoQ erarbeitet, wobei die kritischen Merkmale jedes Qualitätsplans die Eingangsgrößen des folgenden HoQ darstellen.

Die QFD fördert das Verständnis für die Aufgaben der benachbarten am Gesamtprozess „Produkterstellung" beteiligten Fachabteilungen und dient dem gemeinsamen Ziel, die Kundenwünsche zu erfüllen. Die QFD erweist sich damit auch als Führungsinstrument, Bereichsgrenzen zu überwinden und Kooperation der Fachleute untereinander zu fördern zwecks Optimierung des Unternehmensergebnisses. ■

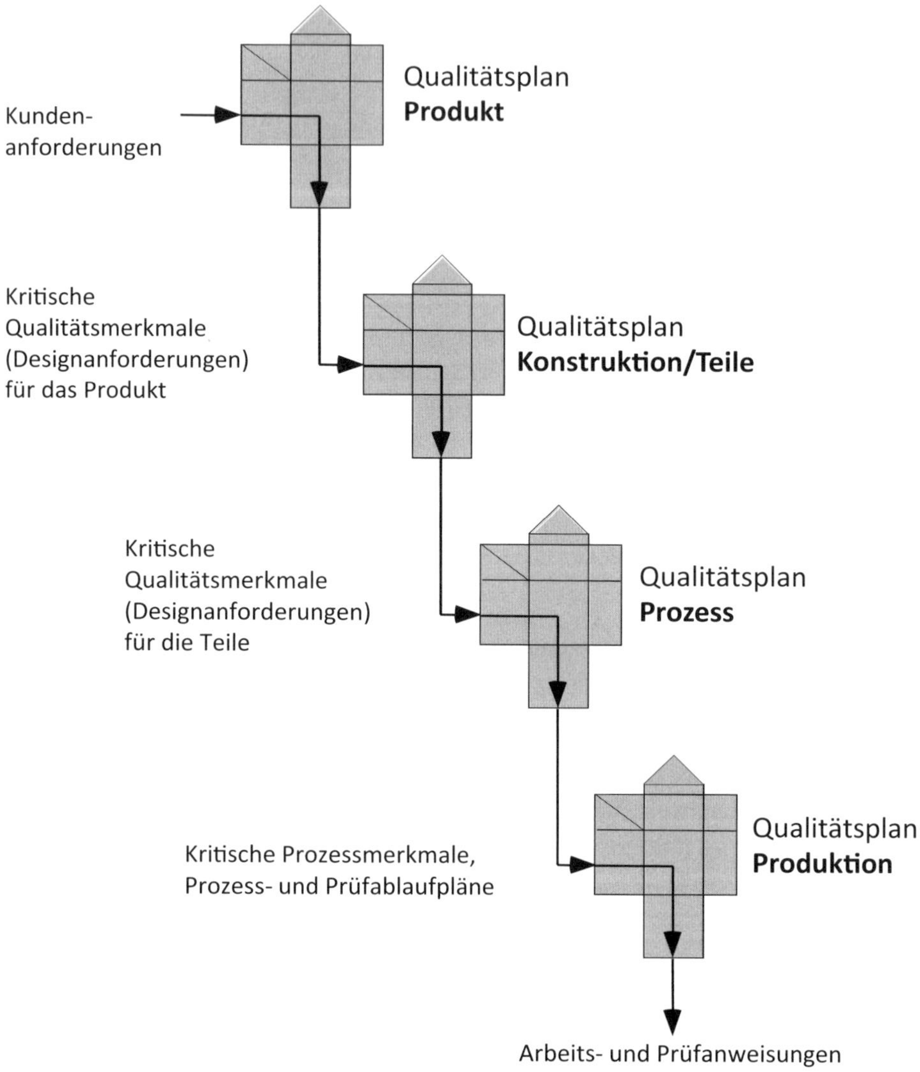

Bild 4.5 Phasen der Qualitätsfunktionendarstellung

4.2 Fehlermöglichkeits- und -einflussanalyse (FMEA)

Die Fehlermöglichkeits- und -einflussanalyse (FMEA, englisch Failure Mode and Effects Analysis) ist eine weitgehend formalisierte analytische Methode, mit der potenzielle Fehler bei der Entwicklung, Fertigung und Montage neuer Produkte und bei der Gestaltung von Prozessen aufgedeckt werden können. Das Risiko des Auftretens eines Fehlers, seine Bedeutung und die Wahrscheinlichkeit, ihn zu entdecken, bevor das Produkt zum Kunden gelangt, werden bereits im Vorfeld der Realisierung bewertet. Anhand dieser Bewertung ist es möglich, Prioritäten bei der Fehlerverhütung und -bekämpfung zu setzen. Die FMEA kann eine Reduzierung von Entwicklungszeit und Entwicklungskosten bewirken und somit auch die Anlaufkosten verringern. Nicht zuletzt kann mit dieser einfachen Technik das Risiko für Rückrufaktionen verhindert werden.

Die FMEA wurde bereits Ende der 1960er-Jahre in den USA im Rahmen der bemannten Raumfahrt für das Apollo-Projekt entwickelt, um die komplexen Systeme der Raumfahrttechnologie durch systematisches Vorgehen besser handhaben zu können. Später folgten Anwendungen in der Kerntechnik, in der Automobilindustrie und in anderen technischen Bereichen. Heute gehört die FMEA zu den Standardtechniken der Qualitätssicherung und wird von den meisten Automobilherstellern angewendet und von Lieferanten abgefordert.

Die Durchführung einer FMEA ist erforderlich, bei

- der Neuentwicklung von Systemen, Produkten und Prozessen,
- Sicherheits- und Problemteilen sowie bei
- Produkt-, Prozess- und Systemveränderungen.

Ziele des Einsatzes der FMEA sind

- die Identifizierung kritischer Komponenten,
- das frühzeitige Erkennen und Lokalisieren von möglichen Fehlern,
- die Abschätzung und Beurteilung von Risiken,

- die Bildung von Prioritäten bei der Fehlerbekämpfung,
- die Erhebung, Analyse und Speicherung von Daten sowie
- die Verbesserung von Systemen, Produkten und Prozessen.

Hinsichtlich des Betrachtungshorizonts werden System-, Konstruktions- und Prozess-FMEA unterschieden. Mit der System-FMEA wird das funktionsgerechte Zusammenwirken von Systemkomponenten mit ihren Wechselbeziehungen zur Vermeidung von Fehlern bei der Systemauswahl bzw. -gestaltung untersucht. Ziel der Prozess-FMEA ist es, die zur Herstellung eines Produkts erforderlichen Prozessschritte zu analysieren, um potenzielle Fehler zu erkennen und zu verhüten. Die Konstruktions-FMEA analysiert den Entwurf eines Produkts.

Die FMEA wird wie die meisten Qualitätstechniken in interdisziplinären Arbeitsgruppen durchgeführt, um das im Unternehmen befindliche Know-how zu nutzen. Die Teammitglieder werden für eine effiziente und zielgerichtete Projektdurchführung mit der Methode vertraut gemacht. Einzelne Mitarbeiter werden zu FMEA-Moderatoren ausgebildet und sind für die methodisch korrekte Planung, Durchführung und Dokumentation der FMEA-Projekte verantwortlich.

Die umfassende Unterstützung durch das Management ist Grundvoraussetzung für den Erfolg der FMEA.

Die Durchführung einer FMEA erfolgt in mehreren Schritten. Wichtigstes Instrument der Methode ist dabei das FMEA-Formblatt (Bild 4.6). In dieses Formular werden zunächst alle zur Orientierung erforderlichen Daten (Stammdaten) eingetragen. Das zu betrachtende System wird abgegrenzt und beschrieben (1). Mögliche Fehler werden gesammelt (2) und dann die möglichen Folgen (3) und Ursachen (4) analysiert. Kontrollmaßnahmen, die zur Entdeckung potenzieller Fehler beitragen und deren Auswirkungen verringern können, werden ebenfalls in dem Formblatt verzeichnet (5). Schließlich wird das Fehlerrisiko differenziert bewertet. Dazu werden die Wahrscheinlichkeit des Auftretens eines Fehlers (6), seine Bedeutung (7) sowie die Wahrscheinlichkeit, den Fehler rechtzeitig zu entdecken (8), jeweils mit Werten von 1 bis 10 beurteilt. Eine Anleitung zur Bewertung der Risiken findet sich auf dem Formblatt. Das Produkt der ermittelten Werte ergibt die Risikoprioritätszahl (RPZ) (9), die somit Werte zwischen 1 (kein Risiko) und 1000 (höchstes Risiko) annehmen kann. Sie ist ein relatives, dimensionsloses Maß dafür, mit welcher Priorität Abstellmaßnahmen für die verschiedenen Fehlermöglichkeiten zu erarbeiten sind.

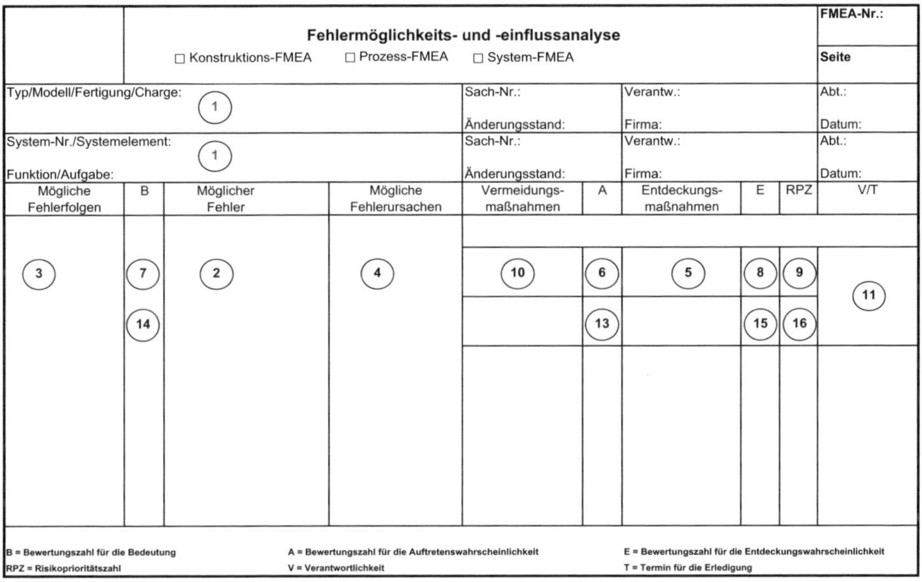

Bild 4.6 Beispiel für eine Konstruktions-FMEA nach VDA

In der nächsten Phase werden mit Unterstützung elementarer Qualitätstechniken wie Brainstorming oder anderer Kreativitätstechniken potenziell geeignete Abstellmaßnahmen empfohlen (10), Verantwortlichkeiten festgelegt (11) und schließlich die getroffenen Maßnahmen zur Verringerung der RPZ ausgewählt (12). Hierbei sind fehlervermeidende Maßnahmen den fehlerentdeckenden vorzuziehen.

Für die einzelnen Verbesserungsmaßnahmen wird nun eine erneute Beurteilung der Fehlerbedeutung (14), der Auftretens- (13) sowie der Entdeckungswahrscheinlichkeit (15) vorgenommen und eine neue RPZ (16) berechnet. Mit der Differenz zwischen den Risikoprioritätszahlen für den derzeitigen (9) und den verbesserten Zustand (16) kann der Erfolg der eingeführten Maßnahmen quantifiziert werden. Falls das Restrisiko noch nicht akzeptabel erscheint, wird versucht, die RPZ mit weiteren FMEA-Durchgängen zu reduzieren.

Die standardisierten Formblätter, die zur Dokumentation der FMEA verwendet werden, können auch in Datenbanken übernommen werden, um jederzeit auf bereits durchgeführte FMEAs zurückzugreifen und Erfahrungswissen weitergeben zu können. Tabelle 4.3 zeigt ein Kategorienschema für die RPZ.

Tabelle 4.3 Kategorienschema Risikoprioritätszahl (RPZ)

RPZ = A · B · E			
A	**Wahrscheinlichkeit des Auftretens des Fehlers (Fehler kann vorkommen)**		
	unwahrscheinlich	=	1
	sehr gering	=	2 - 3
	gering	=	4 - 6
	mäßig	=	7 - 8
	hoch	=	9 - 10
B	**Bedeutung des Fehlers (Auswirkungen auf den Kunden)**		
	kaum wahrnehmbare Auswirkungen	=	1
	unbedeutender Fehler (geringe Belästigung des Kunden)	=	2 - 3
	mäßig schwerer Fehler	=	4 - 6
	schwerer Fehler, Verärgerung des Kunden	=	7 - 8
	äußerst schwerwiegender Fehler	=	9 - 10
E	**Wahrscheinlichkeit der Entdeckung des Fehlers (vor Auslieferung an Kunden)**		
	hoch	=	1
	mäßig	=	2 - 3
	gering	=	4 - 6
	sehr gering	=	7 - 8
	unwahrscheinlich	=	9 - 10

5 Qualität in der Produktionsplanungsphase sichern

Ein langer Weg musste beschritten werden, um zur Qualitätssicherung im heutigen Sinne zu gelangen. Bei der handwerklichen Einzelfertigung bestand bereits die integrierte Qualitätssicherung als Aufgabe in einer persönlichen Haftung von Geselle und Meister.

Mit zunehmender Industrialisierung wurden immer mehr ungelernte und angelernte Mitarbeiter für den Produktionsprozess eingesetzt. Um trotz der fehlenden fachlichen Kenntnisse zu einem positiven Ergebnis zu kommen, wurde die Arbeitsteilung eingeführt. Dadurch wurde die Einsetzung einer Inspektion notwendig. Ihre Aufgabe war hauptsächlich das Sortieren nach gut und schlecht. Bei dieser Entwicklung ging der Gedanke der qualitätssichernden Aufgabe bei sämtlichen am Produkt mitwirkenden Stellen weitgehend verloren. Die Inspektionsabteilungen wuchsen zu relativ großen Einheiten an (ca. 10 % zu den „Produktiven“) und qualifizierten sich immer stärker für ihre Aufgabe. Sie wurden schließlich für die Qualität (allein)verantwortlich. Hauptaktionsfeld wurden die Produktendprüfungen und rückwärts die Prüfungen der Untergruppen und Einzelteile. Die Entscheidung, was verkauft oder gesperrt wurde, lag in der alleinigen Entscheidung der Inspektion.

Unabhängig von der organisatorischen Regelung müssen sorgfältige und gründliche Prüfungen durchgeführt werden, sei es durch die Produktion in Eigenprüfung (in den Produktionsarbeitsgang integrierte Prüfung), durch zur Produktion gehörende oder durch von der Produktion unabhängige Prüfer. In den beiden letzteren Fällen wird die Fertigung bei der Zielsetzung, Produkte von hohem Qualitätsniveau zu bauen, von den traditionellen Inspektionsabteilungen unterstützt. Es sind dies je nach Fertigungstiefe des Unternehmens z. B. die

- Inspektion Kaufteile,
- Inspektion Presswerk,
- Inspektion Rohbau,
- Inspektion Lackiererei,
- Inspektion Mechanische,
- Inspektion Kunststoffteile oder
- Inspektion Montagen.

Anstelle des Begriffs „Inspektion" werden in den Unternehmen auch andere Bezeichnungen verwendet, z. B. Prüfwesen, Qualitätskontrolle, Qualitätssicherung oder Qualitätswesen. Diese sind per Definition allerdings organisatorisch übergeordnet bzw. die Inspektionen sind davon die die Prüfung in den Betrieben ausführenden Stellen.

5.1 Qualitätssicherung der einzelnen Bereiche

5.1.1 Inspektion Kaufteile

Zur Sicherstellung einheitlich guter Qualität müssen alle Eigenfertigungs- und Kaufteile dieselben Anforderungen erfüllen. Bevor ein Lieferant Teile liefert, wird seine Qualitätsfähigkeit, d. h. die Fähigkeit, dauerhaft gute Teile zu produzieren, geprüft; Verträge mit Zulieferern dürfen erst abgeschlossen werden, wenn diese diesen Anforderungen genügen.

Der Prüfung der Kaufteile ist in der Regel abhängig von der Qualitätsgeschichte

- der Vorserienarbeit (Erstbemusterung),
- der Dimensions- bzw. Werkstoffprüfung an Teilen der Lieferlose,

- der Ergebnisse der Endkontrolle und
- der Kundenreklamationen.

Spezielle Prüfpläne, die auf dieser „Qualitätsgeschichte" basieren, werden in modernen Unternehmen rechnergestützt erstellt.

Die Prüfergebnisse beeinflussen wiederum den Prüfumfang der nächsten eingehenden Lieferung, das kann sein „keine Prüfung" (Skip Lot) oder auch „100-%-Prüfung", wenn z. B. eine schlechte Lieferung vorher auffiel. Das Rechnerprogramm kann die Teilegewichtung enthalten (nach ABC-Analysen) und darauf abgestimmt die Prüfschärfe. Bei Lieferanten mit durchgehend qualitätsfähigen Fertigungsprozessen kann die Eingangsprüfung entfallen.

5.1.2 Inspektion Presswerk/Rohbau

Alle Einzelblechteile, die vom Presswerk oder auch von Zulieferern beigestellt werden, werden zum Grundkörper zusammengepunktet oder -geschweißt (z. B. Rohkarosse). Wichtige Voraussetzung ist eine exakte Passung der Einzelteile, wie in den Zeichnungsunterlagen vorgeschrieben.

Die wichtigsten Messungen finden auf rechnergesteuerten Prüfanlagen statt, die per EDV-Programm z. B. Karosserien wie auch Untergruppen selbständig vermessen, sodass schnell und exakt Maßabweichungen an die Fertigung rückgemeldet und korrigiert werden können.

5.1.3 Inspektion Lackiererei

Die Lackoberfläche ist in zweierlei Hinsicht ein wichtiger Faktor:

- zum einen als Anmutselement,
- zum anderen als Schutzelement.

Wasser, Salz und Schmutz beaufschlagen die Flächen, Schweißnähte und Hohlräume und können überall dort zur Zerstörung führen, wo keine ausreichende Schutzmaßnahme ergriffen wird.

Das Hauptgewicht der Prüftätigkeit hier liegt besonders in Stichprobenprüfungen, indem fertige Karossen nach der Lackierung nach Checklisten geprüft werden, wie z. B. Gleichförmigkeit der Oberfläche, Güte der Schleifarbeiten, Lackierqualität, Abdichtnähte, Unterbodenschutz.

Eine Stück-für-Stück-Oberflächenprüfung an dekorativen Flächen ist die Regel. Die Objektivierung und Automatisierung dieser Prüfung ist mithilfe der Bildverarbeitung möglich.

5.1.4 Inspektion Mechanische

Die mechanische Inspektion ist das klassische Anwendungsfeld der Technischen Statistik und der Mechanisierung von 100-%-Sortierprüfungen.

5.1.5 Inspektion Montagen

Aggregate, Unterzusammenbauten und Einzelteile sind bereits verschiedensten Prüfungen unterzogen worden. Hier finden sie sich zusammen in der Montagelinie und werden zum fertigen Produkt vereinigt. Wichtig ist, dass während der Montage auftretende Fehler nicht bis zum Ende des Montagebandes mitgeschleppt werden und dort erhebliche Nacharbeit für ihre Beseitigung verursachen, sondern sofort am Ort der Entstehung beseitigt werden (kleine Qualitätsregelkreise). Dazu gehört die Vollmacht für den Bandarbeiter, das Montageband erforderlichenfalls abstellen zu können, bis er den Fehler beseitigt hat.

5.2 Vorschriften und Richtlinien zur Bauteilbeschreibung

Zu den Vorschriften und Richtlinien der Bauteilbeschreibung gehören folgende Punkte:

- die Konstruktionszeichnung mit den Maß- und Werkstoffangaben,
- der Fertigungsplan,
- der Prüfplan,
- die Allgemeine Technische Lieferbedingung,
- die Technische Lieferbedingung mit den jeweiligen Werkstoffdaten, sofern diese gegenüber dem genormten Werkstoff abweichen,
- die Prüflinie zur Prüfung auf Gleichmäßigkeit von Werkstoff und Gefüge,
- die Prozessspezifikation mit Hinweisen auf den Korrosionsschutz.

5.2.1 Konstruktionszeichnung

Die Konstruktionszeichnung liegt im Verantwortungsbereich der Konstruktionsabteilung, enthält Hinweise auf kritische Merkmale und berücksichtigt die Prüfbarkeit.

5.2.2 Fertigungsplan

Die Fertigungsplanung liegt im Verantwortungsbereich der Produktionsplanung und berücksichtigt die Prüfbarkeit.

5.2.3 Prüfplan

Die Prüfplanung ist ein Planungsinstrument zur Qualitätssicherung und Festlegung von notwendigen Qualitätsprüfungen im gesamten Produktionsprozess, vom Wareneingang bis zur Auslieferung, unter Berücksichtigung der Herstellverfahren und des Verwendungszwecks (= Qualitätsanforderung) des jeweiligen Produkts. Ziel der Prüfplanung ist die Auswahl wirtschaftlicher Prüfarbeitsgänge zur Qualitätsrisikominimierung und zur Sicherstellung der Qualitätsziele.

Das heißt, Aufgaben der Prüfungsplanung sind, Entscheidungen zu treffen über

- die Prüfnotwendigkeit,
- den Prüfablauf,
- die Prüfhäufigkeit,
- die Prüfmethode,
- das Prüfmittel,
- die Prüfdatenverarbeitung und
- die Dokumentation.

Qualitätsprüfungen durch zusätzliche Prüfer sind dann notwendig, wenn der Produktionsprozess nicht allein gewährleisten kann, dass nur absolut qualitätsgerechte Produkte weiterbearbeitet bzw. ausgeliefert werden.

Aus dem Vorhandensein, der Erfassbarkeit und dem Wirken von Einflussfaktoren (= Störgrößen) lässt sich das Erfordernis von Qualitätsprüfungen bei Fertigungsvorgängen ableiten.

Bei der Festlegung des Prüfumfangs sind insbesondere die Bedeutung des Produkts bzw. der speziellen Merkmale und der Grad der Sicherheit der Toleranzeinhaltung (Prozesssicherheit) maßgebend.

Die mit der Qualitätsprüfung beabsichtigte Filterwirkung sollte

- bei großem Fehlerangebot hoch (Prüfumfang → 100 %),
- bei großer Prozesssicherheit gering sein (Prüfumfang → 0 %).

Die Ergebnisse führen unter Beachtung wirtschaftlicher Faktoren zum Prüfplan.

Prüfpläne ergänzen die Fertigungspläne und sind als Aufträge an die Fertigung bzw. an das Prüfwesen anzusehen und damit verbindlich. Insbesondere wird die Arbeit der Inspektionen durch Prüfpläne geordnet. Prüfplaner müssen erfahrene Ingenieure sein, die die Bedeutung des Prüflings erkennen und die kritischen Merkmale bestimmen können. Prüfplanern müssen deshalb sowohl Feldbeanstandungen zugänglich als auch die Stärken und Schwächen der Fertigung bekannt sein. Das Ergebnis von Produkt- und Prozess-FMEA muss ihnen vorliegen.

> Ein Qualitätserzeugnis entsteht nicht durch Zufall. Es ist das Ergebnis sorgfältiger Konstruktion und Planung, einwandfreier Produktion und Überwachung. Qualität ist ein relativer Begriff, auf die Forderungen bzw. Erwartungen des Käufers bezogen. Diese Forderungen und Erwartungen müssen weitgehend bekannt sein, soll die Prüfplanung von realen Voraussetzungen ausgehen. ■

Eine systematische Prüfplanung und Prüfmittelplanung stellen sicher, dass

- alle für die Qualität wesentlichen Merkmale erfasst,
- die anzuwendenden Prüfverfahren und -häufigkeiten geeignet und
- die Prüfmittel konzipiert und rechtzeitig vor Nullserienbeginn verfügbar sind.

Eine Prüfplanung und eine Prüfmittelplanung sind erforderlich bei neuen und/oder geänderten Produkten, Fertigungsverfahren usw.

Der Prüfplan muss folgende Angaben beinhalten:

- Stammdaten wie:
  - Sachnummer (Zeichnungs-, Teile-, Auftrags-, Bestellnummer usw.),
  - Bezeichnung,
  - Dokumentationspflicht,
  - Hersteller (Lieferant/Werk usw.),
  - technischer Änderungsstand,
  - Ersteller/Anwender/Datum,

- Prüfablauf,
- Prüfmerkmale,
- Prüfhäufigkeit,
- Prüfmethode,
- Prüfart,
- Prüfdatenverarbeitung (Dokumentation und Auswertungen),
- Hinweise, Erläuterungen, Skizzen.

5.2.3.1 Prüfplanarten

Erstellt werden Prüfpläne für sämtliche Bauteile, die gefertigt bzw. weiterverarbeitet werden, sämtliche Kaufteile, Rohteile und Normteile sowie Teile, die im Zusammenbau angeliefert werden. Die Prüfpläne werden in zwei Kategorien eingeteilt:

- Prüfpläne für Eigenfertigung (diese Prüfpläne sind Teile des Fertigungsplans und schließen diesen als Folgeblatt ab),
- Prüfpläne für Kaufteile (Eingangsteile).

Zusätzlich kann noch von zwei weiteren Prüfplanarten gesprochen werden. Es sind dies Prüfpläne für Normteile, z. B. Schrauben und Muttern, sowie Standardprüfpläne. Sinn dieser beiden Arten von Prüfplänen ist es, den großen Umfang von Prüfplänen zu reduzieren, Kostenersparnis bei der Prüfmittelbeschaffung zu erreichen und eine einheitliche Beurteilung für gleiche Teile zu ermöglichen. Standprüfpläne werden nur für Teile erstellt, deren Prüfungen mit gleichen Prüfmitteln durchgeführt werden können.

5.2.3.2 Schema der Erstellung von Prüfplänen

Die Erstellung eines Prüfplans durch die Prüfplanung beginnt zu dem Zeitpunkt, zu dem durch die Fertigungsplanung, der die Terminverfolgung obliegt, der Prüfplanung ein Fertigungsplankonzept zugestellt wird, oder erfolgt zeitsparender gleichzeitig mit dem Fertigungsplan durch den Fertigungsplaner. Auf Grundlage dieses Fertigungsplankonzepts wird unter Berücksichtigung der Zeichnungsvorschriften und eventueller spezieller Prüfvorschriften ein Prüfplankonzept erarbeitet. Werden für Bauteile Werkstoffprüfungen notwendig oder gilt ein Bauteil als Sicherheitsteil, so werden die zuständigen Fachstellen hinzugezogen. Mit diesen Fachstellen werden die betreffenden Punkte erörtert bzw. festgelegt (Prüfart). Dieses Prüfplankonzept gelangt zurück an die Fertigungsplanung. Von hier wird mit der Beantragung der Prüfmittel dieses Konzept an die Betriebsmittelplanung weitergeleitet. Eventuelle Unklarheiten (Prüfmittel, Prüfmerkmale usw.) werden seitens der Fertigungsplanung, Betriebsmittelplanung und gegebenenfalls der Konstruktion spätestens zu diesem Zeitpunkt mit der Prüfplanung geklärt. Vertiefende Erläuterungen zu wesentlichen Prüfplandaten:

- Prüfmerkmal,
- Prüfart (legt den Prüfumfang fest) und Prüfmethode,
- Prüfmittel und Prüfmittelplanung.

1. Prüfmerkmal

Das zu prüfende Merkmal wird im Prüfplan festgelegt (Maß, Funktion, Werkstoff, Ausführung usw.). Die Frage, ob ein Merkmal geprüft werden soll, entscheidet der Prüfplaner aufgrund von Hinweisen des Konstrukteurs, der zu erwartenden Prozesssicherheit oder aufgrund von schon bekannten Produktschwächen im Markt.

Bei Fertigungsteilen richtet sich die Prüfarbeitsfolge grundsätzlich nach der entsprechenden Fertigungsarbeitsfolge. Für die Endprüfung sollten die Wichtigkeit der Merkmale bzw. die günstigsten Bedingungen am Arbeitsplatz des Prüfers die Prüffolge bestimmen. Die Prüfmerkmale können entsprechend den Auswirkungen bei Abweichungen in folgende Merkmalsklassen unterteilt werden:

- kritische Merkmale,
- Hauptmerkmale,
- Nebenmerkmale.

Die Einteilung hat unmittelbaren Einfluss auf Prüfumfang und -häufigkeit.

2. Prüfart und Prüfmethode

Für die Festlegung der Prüfart sind ebenso der Gebrauchswert des Bauteils sowie die Folgen, die bei Fehlerauftritt entstehen können, von wesentlicher Bedeutung. Als Richtlinie für die Prüfart, ob Vollprüfung (100 %) oder Stichprobenprüfung, ob Zwischenprüfung oder Endprüfung, gelten folgende Punkte: Die Prüfmethode soll das betreffende Merkmal in seinen Eigenschaften vollständig und kostengünstig erfassen.

Vollprüfung (100-%-Prüfung)

Erforderlich ist eine Vollprüfung schon dann, wenn die Folgekosten, die aus der Verwendung fehlerhafter Teile entstehen können, die Prüfkosten wesentlich übersteigen. Zwingend notwendig ist sie, wenn aufgrund nicht völlig genügender Fertigungsverfahren sicherheitsrelevante Fehler auftreten können, die nicht statistisch erfassbar sind (unerwartet oder selten). Bei lebenswichtigen Teilen oder Aggregaten muss die Einhaltung der funktionswichtigen Maße oder Eigenschaften gewährleistet sein. Die Betriebssicherheit des Bauteils muss vorrangig sein, selbst wenn dies aufgrund der innerbetrieblichen Kostenrechnung nicht wirtschaftlich erscheint. Bei der Vollprüfung handelt es sich häufig um eine Attributprüfung, d. h. „Gut-schlecht-Beurteilung“. Im Prüfplan wird die Vollprüfung als C-Prüfung bezeichnet (centum).

Beispiele: Prüfungen auf Rissfreiheit, Lunkerfreiheit, Vollständigkeit des Zusammenbaus, Erreichen des vorgeschriebenen Anzugsmoments einer Schraubverbindung, Funktionalität von Aggregaten.

Achtung: Die Praxis hat erwiesen, dass infolge menschlicher Unzulänglichkeiten auch bei Vollprüfung, sofern sie subjektiv durchgeführt wird, nicht unbedingt alle Fehler gefunden werden (Ermüdung, nachlassendes Sehvermögen bei Daueranspannung der Prüfer, Umweltbedingungen usw.). Die Forderung lautet deshalb, auch Prüfvorgänge zu objektivieren, d. h. zu automatisieren.

Stichprobenprüfung

Die Stichprobenprüfung soll auf Grundlage einer Stichprobenvorschrift erfolgen, bei der nach dem Ergebnis der Stichprobe auf die qualitative Beschaffenheit des Loses (Menge der Einheiten, die zur Prüfung vorgestellt werden) unter vorgegebener statistischer Wahrscheinlichkeit geschlossen werden kann.

Vor Festlegung des Prüfumfangs werden Überlegungen über die Wirtschaftlichkeit von Prüfaufwand zu Prüfrisiko angestellt. Der Prüfumfang sollte auch zur Vermeidung von Doppelprüfungen im Zusammenhang mit den direkten bzw. indirekten Prüfungen während des Fertigungsablaufs betrachtet werden (Eingangsinspektion – Fertigungsinspektion).

Anmerkung: Die Problematik von Stichprobenplänen im Zusammenhang mit Fehlerauftreten im ppm-Bereich (ppm: parts per million) sollte beachtet werden.

- Anwendung der Attributprüfung (gut/schlecht)
  In Eingangs- und Fertigungsinspektion für Maße mit Grenzlehrenfunktion, an Teilen spanloser und spangebender Verformung, Durchmessern, Gewindemaßen, Oberflächenbehandlungen und Oberflächengüten, Funktionen und Endprüfungen an Zusammenbauten und Schweißteilen, Sichtprüfungen usw.
- Variable (messende) Prüfung
  Diese Prüfung wird hauptsächlich als wirtschaftlichste Überwachung und Steuerung der Fertigung eingesetzt. Sie liefert mehr Informationen und sollte deshalb für kritische Merkmale angewendet werden. Anwendung finden sollten diese Prüfungen ständig, mindestens aber bei Neuanläufen, Fertigungsumstellungen sowie nach Werkzeug- oder Maschinenreparaturen. Durch Auswertungen der geführten Qualitätsregelkarten können die Schwankungen (Mittelwert/Streuung bzw. Spannweite) des geforderten Qualitätsmerkmals erkannt und kann der Fertigungsprozess geregelt werden.

Fertigungsprozessbegleitende Prüfung

Sie wird während der laufenden Fertigung durchgeführt. Diese Prüfung soll Fehler sofort feststellen, um schlechte Teile infolge von Fertigungsfehlern fernzuhalten (Kosten). Sie kann als laufende Überwachung des Fertigungsprozesses angesehen werden.

Besondere Prüfarten

Abweichend von den genannten Prüfarten sind Kurztexte, wie z. B. Stck./Schicht, Stck./Charge, Stck./Lieferung, %Lieferung oder Stck./Ofen gebräuchlich.

Angewendet werden die besonderen Prüfarten bei sämtlichen zerstörenden Prüfungen, bei zerstörungsfreiem Werkstoff, bei Werkstoffverwechslungsprüfungen und bei Festigkeitsprüfungen.

3. Prüfmittel und Prüfmittelplanung

Die Prüfmittel lassen sich in vergleichende und messende Prüfmittel einteilen. Aber auch folgende Einteilung ist möglich:

- Standardmessmittel
- Messsysteme, die zur Prozesslenkung und/oder -überwachung dienen, und
- Prüfautomaten, die überwiegend zum Sortieren eingesetzt werden.

Unter Standardmessmitteln sind in der Regel universell einsetzbare Messmittel zu verstehen, die sowohl mechanische als auch elektronische Messwertdarstellungen besitzen können. Die Bandbreite reicht hier vom Messschieber bis zum 3-D-Messgerät, von Profilprojektoren bis zu optoelektronischen Systemen usw.

Unter Messsystemen zur Prozesslenkung sind Spezialeinrichtungen zu verstehen, die in den Fertigungsablauf integriert sind und deren Messergebnisse die Produktionseinrichtung steuern (nachregeln und/oder abschalten).

Verwendet werden folgende Prüfmittel:

- *Koordinatenmessgeräte*
  Programmierbare Messgeräte mit Messwertanzeige oder ausgedrucktem Messprotokoll.
  Verwendung: Bei Fertigung verschiedener Teile ähnlicher Größe.
- *Mehrfachmessgeräte*
  Messgeräte mit elektrischer Anzeige, Einstellmeister sind erforderlich.
  Verwendung: Für Teile, an denen bei schneller Fertigungsfolge und hoher Genauigkeit mehrere Messstellen gleichzeitig überprüft werden.
- *Messende Kontrollvorrichtungen*
  Kontrollvorrichtungen mit Messuhren, ablesbaren Skalen oder Wassersäulen, teilweise mit Einstellmeistern.
  Verwendung: Überwiegend für die Straßenkontrolle zur Überwachung

der Fertigung und für Bauteile, über die ein schriftlicher Nachweis geführt werden soll.

- *Starre Vorrichtungen mit Grenzlehrenfunktion*
  Kontrollvorrichtungen mit Messschiebern, Messstufen, Grenzlehrdornen oder Ähnlichem (Ist-Maße nicht feststellbar).
  Verwendung: Für Teile, über die nur eine Gut-schlecht-Information benötigt wird.

- *Rohkontrollvorrichtungen*
  Vorrichtung kann „messend" oder als „Gut-schlecht-Kontrollvorrichtung" ausgelegt sein; auch für mehrere Messstellen.
  Verwendung: Für Rohteile in der Eingangsinspektion.

- *Handelsübliche Messzeuge, Grenzlehren*
  Zum Beispiel Feintaster, Innenmessgeräte, Grenzrachenlehren, Grenzlehrdorne, Mikrometer, Schieblehren usw.
  Verwendung: Für Bauteile, an denen einzelne Maße oder Merkmale „messend" oder „gut/schlecht" geprüft werden.

- *Sondereinrichtungen*
  Härteprüfgeräte, Magnetprüfgeräte, Oberflächenprüfgeräte, Messautomaten, Unwuchtprüfmaschinen usw.
  Anwendung: Bei entsprechenden speziellen Prüfvorschriften und intelligenten Weiterentwicklungen für das Prüfwesen.

Auswahlkriterien

Die Kriterien, die für die Wahl des Prüfmittels entscheidend sind:

- Qualitative oder quantitative Prüfaussage
- Messgenauigkeit
- Messbereich
- Prüfzeit
- Wirtschaftlichkeit
- Betriebssicherheit/Standzeit
- Einsatzzeit
- Bedienfreundlichkeit
- Wartbarkeit
- Datentransfer und -verarbeitung
- Einsatzort

4. Prüfmittelbeschaffung

Konstruktion und Herstellung

Die Konstruktion und Beschaffung von Messsystemen für die Fertigung und Qualitätsprüfung sollte zwischen Arbeitsvorbereitung, Fertigung, Qualitätswesen und Prüfmittelhersteller abgestimmt werden. Das abgestimmt Konzept ist in Zeichnungen bzw. Lastenheften festzuhalten, die einem Änderungsdienst unterliegen müssen.

Abnahme

Alle Prüfmittel sind vor Einsatz durch eine autorisierte Stelle – Deutscher Kalibrierdienst (DKD) – beim Hersteller und/oder Abnehmer auf Übereinstimmung mit Soll-Werten und auf Funktionsfähigkeit zu überprüfen und mit Prüfbericht zu belegen. Die Prüfmittel müssen dem letztgültigen Änderungsstand des zu prüfenden Teils entsprechen. Die Messgenauigkeit ist mithilfe statistischer Verfahren festzustellen.

Die Betriebssicherheit ist gegebenenfalls durch die Sicherheitsabteilung (bzw. Beauftragten der Arbeitssicherheit) zu bestätigen.

Einsatz und Überwachung

Alle beschafften Prüfmittel sind nach Abnahme mit dem Prüfbericht in eine Prüfmitteldatei aufzunehmen. Die Prüffrequenz für die Prüfmittel selber ist nach der erwarteten Einsatzzeit, dem Einsatzort und den geschätzten Verschleißbedingungen festzulegen.

Für eine ordnungsgemäße Verwaltung der Prüfmittel und Einhaltung der Prüffrequenz ist eine Kennzeichnung erforderlich.

Die Verfolgung des Lehrenzustands ist lückenlos sicherzustellen.

Für die Überwachung und Dynamisierung der Prüfintervalle ist eine EDV-Unterstützung sinnvoll.

5.2.4 Allgemeine Technische Lieferbedingung

Die Allgemeine Technische Lieferbedingung enthält die allgemeinen Vorschriften für z. B. Schmiedeteile, Gussteile und Stangenmaterial. Hier beispielhaft eine praxisnahe Formulierung:

„Je Charge ist ein Werkszeugnis entsprechend DIN mit Umfang der Charge, Angabe des Stahlwerks und des Schmelzverfahrens bei Erstlieferung der Charge dem Lieferschein beizufügen.

Schmiedeteile müssen frei von Rissen, Zunder und Salzrückständen sein; auf zu bearbeitenden Flächen können solche Risse zugestanden werden, die bei der nachfolgenden mechanischen Bearbeitung in Fortfall kommen. Sonstige Oberflächenfehler wie Zunderlöcher, Kerben und Schleifstellen müssen innerhalb der halben zulässigen Dickenmaßabweichung liegen. Die Oberfläche der Teile muss in ihrem Anlieferungszustand gestrahlt sein. Nachschleifen ist erforderlichenfalls nur dort zulässig, wo während der Fertigbearbeitung der Teile ein Materialabtrag erfolgt, wobei das Auftreten von Neuhärtungen zu vermeiden ist.“

5.2.5 Technische Lieferbedingung

Die Technische Lieferbedingung für den Werkstoff enthält bei Abweichungen vom Normwerkstoff im Wesentlichen die Toleranzen für die chemische Zusammensetzung und die Angaben über den Reinheitsgrad.

In Technischen Lieferbedingungen beschreibt der Konstrukteur auch Anforderungen an Aggregate (Funktion, Lebensdauer) oder Werkstoffe (Verschleißfestigkeit, Alterungsbeständigkeit, Ozonbeständigkeit, Farbechtheit über der Zeit usw.), sofern es dafür keine allgemeinen Regeln gibt bzw. um sich von der Konkurrenz zu unterscheiden.

Im Übrigen gelten die DIN-Vorschriften.

5.2.6 Prüfrichtlinie

Für schwierige Teile werden Prüfrichtlinien erstellt, um eine Abstimmung zwischen Hersteller und Abnehmer vorzunehmen und reproduzierbare Bedingungen zu definieren.

5.2.7 Prozessspezifikation

Die Prozessspezifikation schließlich besagt beispielsweise Folgendes:

- *Grundsätzliches*
  Die von den Herstellern gelieferten Rohteile müssen mit einem Korrosionsschutzmittel versehen werden. Die Prüfung eines uns vom Rohteillieferer zugesandten Musters eines Korrosionsschutzmittels bedeutet selbst bei Gutbefund keine generelle Freigabe des Korrosionsschutzmittels. Die Verantwortung für das Korrosionsschutzmittel in Bezug auf die gleichbleibende Qualität und Erfüllung der nachstehend genannten Forderungen trägt allein der Lieferer der zu schützenden Teile.

- *Qualitätsvorschrift*
  Korrosionsschutz für die Dauer des Transports und einer Lagerzeit von mindestens ... Wochen im geschlossenen Raum.
  Auftragsmethode sowie Filmstärke sind so zu wählen, dass einerseits eine gute Oberflächenbenetzung der zu schützenden Teile und zum anderen keine Behinderung bei der Verarbeitung durch übermäßige Filmstärke stattfindet (ablaufendes Öl, starke Glitschigkeit).
  Eine gute Entfernbarkeit des Korrosionsschutzmittels durch eines der üblichen Waschverfahren, wie Tauch- oder Spritzentfettung, muss gewährleistet sein.
  Eine Beeinträchtigung der Fehlererkennbarkeit bei der Materialprüfung nach dem elektromagnetischen Rissprüfverfahren durch das Korrosionsschutzmittel oder durch zu große Filmstärke darf nicht eintreten. Das Korrosionsschutzmittel darf keine Eigenfluoreszenz aufweisen.

  Bei der spangebenden Bearbeitung verdampfende Produkte sind wegen der Qualmbelästigung zu vermeiden.

5.2.8 Systematik der Qualitätsprüfungen

Nach welcher Systematik erfolgt nun in der Praxis der Ablauf der Prüfungen?

Es wird unterschieden in

- die Musterprüfung von der fertigungsbegleitenden Prüfung oder der
- routinemäßigen Eingangsprüfung bei Serienlieferung und dann in
- die Prüfung der Maße und Funktionen und die des Werkstoffs.

Tabelle 5.1 gibt einen Überblick über die entsprechenden Prüfungen.

Tabelle 5.1 Qualitätsprüfungen

Maße	1. Musterprüfung an einzelnen Teilen ▪ Messung aller Maße im Messraum ▪ Bearbeitungsprobe auf Produktionsmaschine ▪ Einbauprobe	
	2. Eingangsprüfung von Lieferungen ▪ Eingangsprüfung mittels Kontrollvorrichtung durch die Eingangsinspektion ▪ Gegebenenfalls Rissprüfung	
Werkstoff (Laboratorium)	1. Musterprüfung an einzelnen Teilen ▪ Werkstoffzusammensetzung ▪ Gefügeausbildung ▪ Reinheitsgrad ▪ Festigkeit ▪ Rissfreiheit	
	2. Eingangsprüfung von Lieferungen ▪ Werkstoffzusammensetzung ▪ Gefügeausbildung ▪ Festigkeit (mittels Härteprüfung) ▪ Festigkeit stichprobenweise durch Eingangsinspektion bei jeder Lieferung ▪ Werkstoffverwechslungs- und Festigkeitsprüfung zerstörungsfrei Stück für Stück durch Eingangsinspektion ▪ Prüfung auf sichtbare Schmiedefehler Stück für Stück durch die Eingangsinspektion ▪ Magnetische Rissprüfung Stück für Stück durch die Eingangsinspektion	im Laboratorium bei Chargenanlauf

Das für die Eingangsprüfung an Kaufteilen Gesagte gilt analog für die Eigenfertigungsteile. Abschließend und wiederholend:

> Eingangsprüfungen können und sollten entfallen, sobald die Prozessfähigkeit des Lieferanten dies zulässt. ■

Tabelle 5.2 gibt einen Überblick über die wichtigsten zerstörungsfreien Prüfverfahren.

Tabelle 5.2 Zerstörungsfreie Prüfverfahren

1. Visuelle Kontrolle	▪ Sichtprüfung ▪ Eindringprüfung ▪ Magnetpulverprüfung
2. Elektromagnetische Verfahren	▪ Streuflussprüfung ▪ Niederfrequente magnetinduktive Prüfung ▪ Hochfrequente Wirbelstromprüfung ▪ Restfeldmethode
3. Elektroakustische Verfahren	▪ Resonanzprüfung ▪ Ultraschallprüfung
4. Durchstrahlungsverfahren	▪ Röntgenstrahlung ▪ Isotopenstrahlung
5. Optische und Wärmeflussverfahren	▪ Lichtpunktprüfung ▪ Infrarotkontrolle ▪ Optische Holografie ▪ Bilderarbeitung

6 Qualität in der Produktionsphase sichern

Die Statistische Prozessregelung (SPR) (englisch Statistical Process Control, SPC), ist eine auf mathematisch-statistischen Grundlagen beruhende Qualitätstechnik, die bereits in den 1920er-Jahren in England entwickelt worden ist. Nach dem Zweiten Weltkrieg wurde die SPR zunächst in Japan und später auch in Europa eingesetzt, vor allem um in der Massenfertigung laufende Fertigungsprozesse zu steuern.

Auf die Prozesse in einem Produktionsbetrieb wirken verschiedene Einflüsse, die dazu führen, dass die Ist-Werte einer Streuung unterliegen. Dabei werden systematische und zufällige Einflüsse unterschieden. Systematische Einflüsse treten unregelmäßig auf und beruhen auf Ursachen, die gefunden und abgestellt, also beeinflusst werden können. Das Auftreten von zufälligen Einflüssen ist auf die natürliche Streuung von Prozessen zurückzuführen und in der Regel nicht beeinflussbar, aber weitgehend stabil und vorhersagbar. Das Verhalten von Prozessen wird anhand der statistischen Größen Mittelwert bzw. Median einerseits und Standardabweichung oder Spannweite andererseits charakterisiert und kann als Verteilungsfunktion dargestellt werden. Eine häufig anzutreffende Form ist die Normalverteilung (auch Gauß-Verteilung).

Wird ein Prozess über längere Zeit beobachtet und treten keine systematischen, sondern lediglich zufällige Einflüsse auf, so wird dieser als beherrscht bezeichnet.

6.1 Maschinen- und Prozessfähigkeit

Nachdem ein Qualitätsmerkmal bestimmt worden ist, müssen entsprechende Messgeräte ausgewählt werden, mit denen Messwerte mit der geforderten Genauigkeit und Wiederholbarkeit ermittelt werden können.

Als Maß für die Güte eines Produktionsprozesses werden die Maschinen- und die Prozessfähigkeit herangezogen. Erstere ist ein Indikator für die Fertigungs- bzw. Wiederholgenauigkeit einer Werkzeugmaschine und damit für das Kurzzeitverhalten des Prozesses. Nicht maschinenbedingte Streuungseinflüsse wie Werkzeugverschleiß und Messungenauigkeit werden bei der Ermittlung der Maschinenfähigkeit rechnerisch eliminiert. Der Kennwert c_m (c steht hier für englisch capability) berücksichtigt die Streuung der Maschine, während der Index c_{mk} zusätzlich die Lage des Mittelwerts innerhalb der Toleranz einbezieht. Diese Indizes werden mit folgender Formel bestimmt:

$$c_m = \frac{OTG - UTG}{6 \times s} \quad \text{und} \quad c_{mk} = \frac{z_{krit}}{3}$$

OTG und UTG bezeichnen die obere bzw. die untere Toleranzgrenze, s ist die Standardabweichung des Loses als Näherung für die Standardabweichung σ der Grundgesamtheit. Der Wert z_{krit} bezeichnet den kritischen Abstand des Stichprobenmittels zur Toleranzgrenze und wird folgendermaßen hergeleitet:

$$z_{krit} = \frac{\min(\mathrm{OTG} - \bar{\bar{x}}; \bar{\bar{x}} - \mathrm{UTG})}{\hat{\sigma}}$$

σ bezeichnet den Schätzwert für die Varianz der Grundgesamtheit σ:

$$\hat{\sigma} = \frac{\bar{R}}{d_2} \quad \text{bzw.} \quad \hat{\sigma} = \frac{\bar{s}}{c_4}$$

Die Werte für c_4 und d_2 werden in Abhängigkeit vom Stichprobenumfang der Tabelle 6.1 entnommen.

Tabelle 6.1 Faktoren zur Berechnung der Eingriffsgrenzen mit s = 99 % (≙ 2,576 σ bei NV) nach Hoffmann (1993)

n	*c4*	*d2*	*A2*	*D3*	*D4*
2	0,789	1,128	1,614	0,008	3,520
3	0,886	1,693	0,878	0,080	2,613
4	0,921	2,059	0,626	0,167	2,280
5	0,940	2,326	0,495	0,239	2,101
6	0,952	2,543	0,415	0,296	1,986
7	0,959	2,704	0,360	0,341	1,906
8	0,965	2,847	0,320	0,378	1,846
9	0,969	2,970	0,289	0,408	1,798
10	0,973	3,078	0,265	0,434	1,760

Für die Durchführung der Maschinenfähigkeitsuntersuchung werden zunächst mindestens 50 Teile unmittelbar nacheinander gefertigt und daraus die entsprechenden Indizes berechnet. Erst wenn die Maschinenfähigkeit gewährleistet ist ($c_m \geq 1{,}67$, $c_{mk} \geq 1{,}33$) wird in einem zweiten Schritt die Prozessfähigkeit untersucht, die mit den Indizes c_p und c_{pk} im Gegensatz zur Maschinenfähigkeit das Langzeitverhalten des Prozesses beschreibt und analog berechnet wird:

$$c_p = \frac{OTG - UTG}{6 \times \hat{\sigma}} \quad \text{und} \quad c_{pk} = \frac{z_{krit}}{3}$$

Zur Ermittlung der Prozessfähigkeit werden einem Vorlauf mindestens 25 Stichproben mit je fünf Elementen (zeitlich über eine Schicht oder einen Tag gestreckt), also 125 Teile entnommen. Je größer die Werte für c_p bzw. c_{pk} sind, desto besser ist der Prozess in der Lage, die Qualitätsforderungen zu erfüllen.

In der Industrie werden heute unterschiedliche Vorgaben für c_p und c_{pk} gemacht, wobei die Werte mit dem Ziel der Null-Fehler-Produktion ständig nach oben verschoben werden (Bild 6.1).

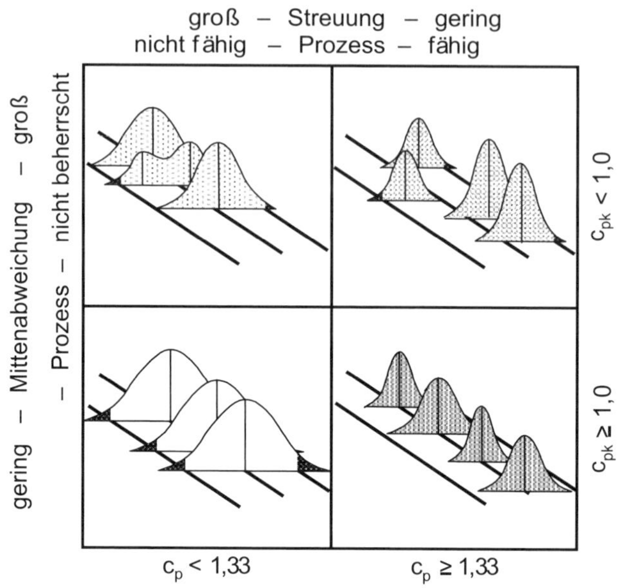

Bild 6.1 Bedeutung und Auswirkung beherrschter und fähiger Prozesse

6.2 Qualitätsregelkarten

Um das Verhalten des laufenden Prozesses zu überwachen, werden Qualitätsregelkarten eingesetzt. Dazu werden aus den Stichproben Mittelwert und Spannweite ermittelt und in die Regelkarten eingetragen, um daraus Rückschlüsse auf den Fertigungsprozess zu ziehen. In der Praxis haben sich verschiedene Regelkarten bewährt, wobei man Karten für variable Merkmale (z. B. Durchmesser einer Welle in Millimeter) und solche für attributive Merkmale (z. B. Kratzer vorhanden oder nicht) unterscheidet.

6.2.1 Urwertkarte

Die Grundform der Qualitätsregelkarte für variable Merkmale, die Urwertkarte (Bild 6.2), stellt nacheinander gewonnene Messergebnisse von Stichproben über der Zeit dar. Diese Messwerte x_i streuen dabei um den Mittelwert $\overline{x}$, der im Idealfall dem Soll-Wert entspricht.

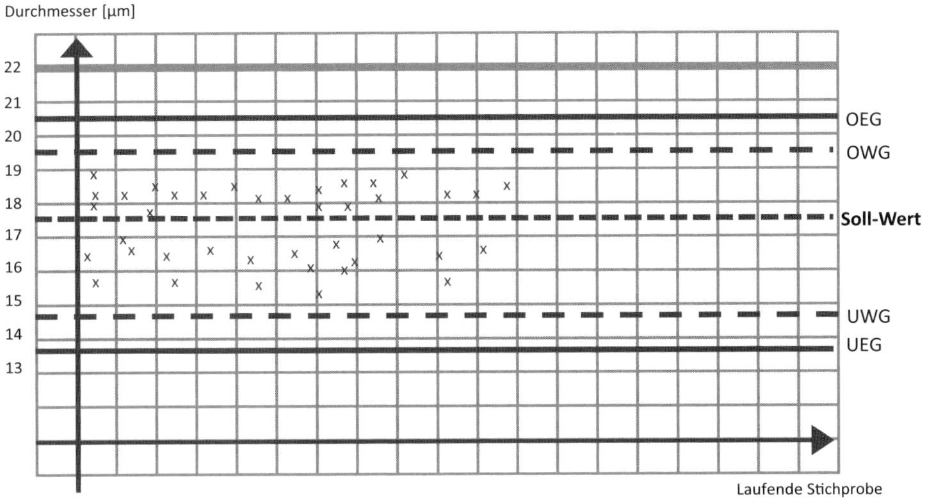

Bild 6.2 Urwertkarte

Zur Konstruktion der Urwertkarte werden zunächst parallel zur Abszisse der Stollwert des Qualitätsmerkmals sowie die oberen und unteren Warn- und Eingriffsgrenzen festgelegt. Im Allgemeinen wählt man, abgeleitet aus den Ergebnissen der Prozessfähigkeitsuntersuchung, einen Abstand von ± 2 σ für die Warngrenzen und ± 3 σ für die Eingriffsgrenzen. Die Wahrscheinlichkeit dafür, dass ein zufällig gezogenes Element einer normal verteilten Grundgesamtheit die Warngrenze überschreitet, beträgt dann 5 %. Die Wahrscheinlichkeit für das Überschreiten der Eingriffsgrenzen beträgt 0,3 %. Liegt ein Element einer Stichprobe außerhalb der Eingriffsgrenzen, ist es sehr wahrscheinlich, dass sich die Lage und/oder Form der Verteilung der Ist-Maße in der Grundgesamtheit verändert hat. Der Prozess muss nachgestellt werden. Überschreitet ein Wert die Warngrenze, so ist erhöhte Wachsamkeit geboten. Die Wahrscheinlichkeit dafür, dass zwei Werte in Folge die Warngrenze überschreiten, liegt bei $0{,}05 \cdot 0{,}05 = 0{,}0025 = 0{,}25\,\%$, zwingt also gleichfalls zum Eingriff. Auch die Häufung von Werten ober oder unterhalb des Mittelwerts bzw. Soll-Werts ist auffällig: die Wahrscheinlichkeit, dass beispielsweise sechs Werte nacheinander einseitig vom Mittelwert abweichen, ist nur noch $0{,}5^6 = 1{,}6\,\%$. Hieraus kann geschlossen werden, dass sich der Mittelwert der Prozessgröße mit großer Wahrscheinlichkeit verschoben hat und nachgeregelt werden muss.

6.2.2 Mittelwertkarte

Entnimmt man dem Prozess laufend Stichproben und errechnet daraus deren Mittelwerte, so ist festzustellen, dass die Verteilung dieser Mittelwerte eine geringere Streuung aufweist als die Verteilung der einzelnen Stichproben (Bild 6.3). Auch wenn die Ist-Maße in einem Fertigungslos nicht normal verteilt sind, nähert sich die Verteilung der Mittelwerte der Stichproben mit wachsendem Stichprobenumfang einer Normalverteilung an. Für die Betriebspraxis genügt ein Stichprobenumfang von n = 5, um mit ausreichender Genauigkeit die mathematischen Eigenschaften der Normalverteilung auf die Verteilung der Stichprobenmittelwerte anzuwenden. Mittelwertkarten zeigen eine Lageveränderung des Produktionsprozesses schneller an als Einzel- oder Urwertkarten. Aus diesem Grund werden für die Statistische Prozessregelung überwiegend Mittelwertkarten mit arithmetischem Mittel $\overline{x}$ oder Median $\widetilde{x}$ eingesetzt.

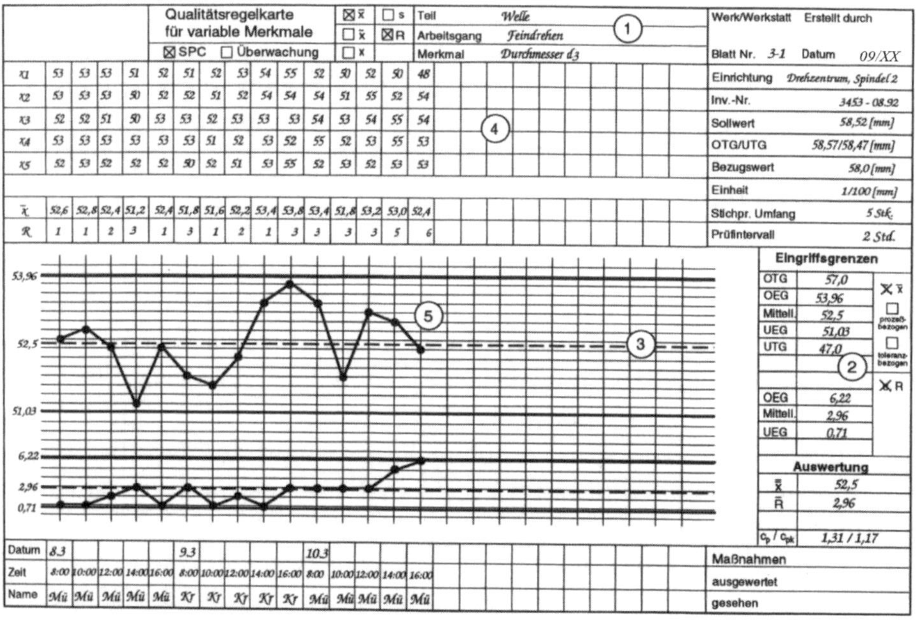

Bild 6.3 $\overline{x}$-R-Karte

Um die Warn- und Eingriffsgrenzen zu berechnen, müsste man die Verteilung der Grundgesamtheit ermitteln. Da man aber im Allgemeinen weder Mittelwert noch Streuung der Grundgesamtheit kennt, muss man diese Parameter mittels Stichproben schätzen. Für den Mittelwert kann man als gute Näherung den Hauptmittelwert $\overline{\overline{x}}$ aus mindestens 20 Stichproben setzen. Für die Schätzung der Streuung gibt es ebenfalls zwei Möglichkeiten: Entweder man verwendet die mittlere Standardabweichung $\overline{s}$ einer Reihe von Stichproben oder man setzt deren mittlere Spannweite $\overline{R}$ ein.

Zur Konstruktion der üblicherweise verwendeten $\overline{x}$-R-Karte werden aus den Ergebnissen der Prozessfähigkeitsuntersuchung die Warn- und Eingriffsgrenzen mit folgenden Formeln berechnet:

$$OEG_{\overline{x}} = \overline{\overline{x}} + A_2 \times \overline{R} \text{ und } OEG_R = D_4 \times \overline{R}$$
$$UEG_{\overline{x}} = \overline{\overline{x}} - A_2 \times \overline{R} \text{ und } UEG_R = D_3 \times \overline{R}$$

Die Werte für A_2, D_4 und D_3 werden in Abhängigkeit vom Stichprobenumfang der Tabelle 6.1 entnommen.

Nachdem der Kopf der Qualitätsregelkarte ausgefüllt worden ist (1), werden die Werte für die Eingriffsgrenzen berechnet und eingetragen (2). Der Soll-Wert des Prozessmerkmals und die Eingriffsgrenzen werden eingezeichnet (3). Nun können die einzelnen Messwerte aufgenommen und die Werte für $\overline{x}$ und R berechnet werden (4). Diese werden entsprechend in die Karte eingezeichnet, wobei die einzelnen Werte zu einer Kurve verbunden werden (5).

6.2.3 Regelkarten für attributive Merkmale

Die variable Stichprobenprüfung ist der attributiven im Allgemeinen überlegen, denn Veränderungen im Prozess können frühzeitig und ohne großen Aufwand erkannt werden. Dies ist nur möglich, wenn es sich bei dem Qualitätsmerkmal um eine quantitativ ausgeprägte Größe handelt. Falls dies nicht der Fall ist, werden Regelkarten für attributive Merkmale gesetzt.

Im Gegensatz zu Mittelwertkarten muss bei Qualitätsregelkarten für attributive Merkmale der Stichprobenumfang auf mindestens n = 20 erhöht werden, um eine genügende Aussagesicherheit zu erhalten. Der Mittelwert des Prozesses wird als gewogenes Mittel einer Vorlaufbeobachtung über die 20 Stichproben errechnet. Zur Berechnung der Warn- und Eingriffsgrenzen sind die Gesetze zu den diskreten Verteilungen zu beachten (Binomial-, Poissonverteilung).

6.2.4 Interpretation der Regelkarten

Die eigentliche Regelung des Prozesses erfolgt schließlich aufgrund der Auswertung der Regelkarte nach vorgegebenen Entscheidungsmustern (Bild 6.4). Es lässt sich statistisch nachweisen, dass eine Folge von sieben Werten unterhalb bzw. oberhalb des Mittelwerts (sogenannter Run) einen systematischen Einfluss haben muss, da die Wahrscheinlichkeit für eine solche einseitige Häufigkeit sehr klein wäre. Ebenso verhält es sich bei sieben Werten in einer Richtung (sogenannter Trend) oder bei einer Häufigkeit von Werten nahe dem Mittelpunkt bzw. nahe den Eingriffsgrenzen. In letzterem Fall muss man davon ausgehen, dass die Eingriffsgrenzen falsch berechnet wurden. Bei jeder Abweichung vom normalen Prozessverhalten müssen entsprechende Maßnahmen ergriffen werden, d. h., der Prozess muss gestoppt und geregelt werden. Solche Maßnahmen werden auf der Regelkarte vermerkt, wodurch einerseits die Ursachen für Prozessveränderungen auch zu einem späteren Zeitpunkt nachvollziehbar sind und andererseits bei ähnlich gelagerten Problemen auf die dokumentierten Maßnahmen zurückgegriffen werden kann.

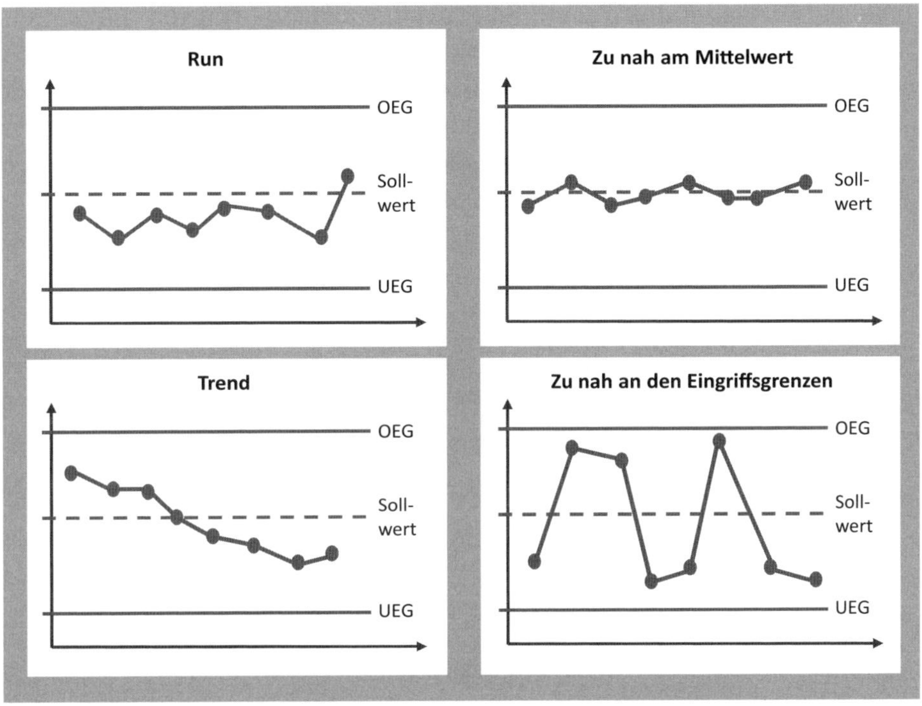

Bild 6.4 Interpretation der Regelkarte

6.3 Einfache Prozessregelung

Eine stark vereinfachte Form der Regelkartentechnik wird als Einfache Prozessregelung (EPR) bezeichnet. Das Verfahren wurde 1954 von einem Team amerikanischer Statistiker, unter ihnen auch Dorian Shainin, entwickelt und von Keki R. Bhote eingeführt. Die EPR ist eine Technik, die warnt, bevor der Prozess mit großer Wahrscheinlichkeit eine oder mehrere Einheiten außerhalb des Toleranzbereichs erzeugt. Der Einsatz wird insbesondere empfohlen, um Prozesse zu überwachen, die zuvor mit den Verfahren des Design of Experiments sicher gemacht und deren Toleranzen bereits optimiert worden sind.

Das Prinzip der Einfachen Prozessregelung entspricht dem der Statistischen Prozessregelung, das Verfahren ist jedoch erheblich leichter zu handhaben. Zur Erstellung einer EPR-Regelkarte werden zunächst nach folgendem Schema die Warn- und Eingriffsgrenzen ermittelt: Bei einem zweiseitig tolerierten Qualitätsmerkmal wird der Toleranzbereich des zu prüfenden Qualitätsmerkmals in vier Bereiche aufgeteilt. Die beiden Bereiche um den Soll-Wert herum bilden den Beobachtungsbereich (grüne Zone, in Bild 6.5 mittelgrau), die beiden äußeren Viertel innerhalb der Toleranz bilden den Warnbereich (gelbe Zone, im Bild hellgrau) und die Bereiche außerhalb der Toleranzgrenzen den Eingriffsbereich (rote Zone, im Bild dunkelgrau).

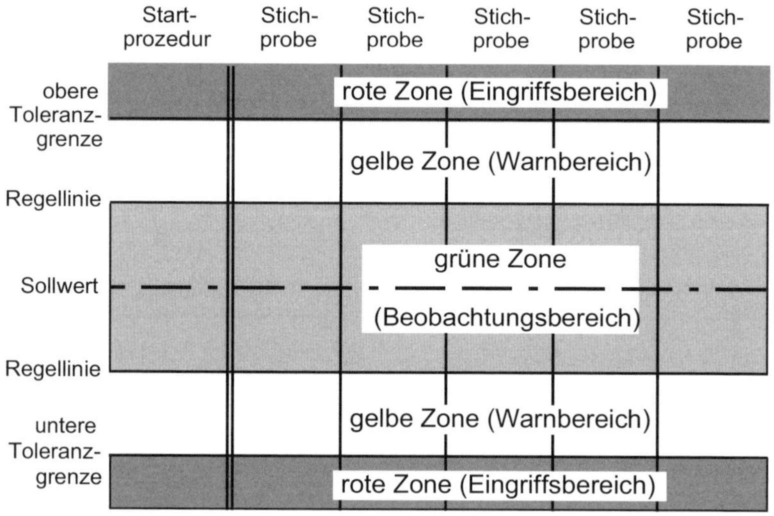

Bild 6.5 Vorgehensweise bei der Einfachen Prozessregelung nach Rosemann (1989)

Nachdem der Prozess angelaufen ist, werden fünf aufeinanderfolgende Teile entnommen und vermessen. Liegt nur ein Wert in der gelben oder roten Zone, muss die Maschineneinstellung überprüft und korrigiert werden. Die Startprozedur wird so lange wiederholt, bis alle Teile in der grünen Zone liegen. Wenn dies der Fall ist, wird angenommen, dass der Prozess unter Kontrolle ist.

Nun werden in einem vorher festgelegten Abstand (in der Regel ein Sechstel des Intervalls zwischen zwei Maschineneinstellungen) Stichproben vom Umfang n = 2 entnommen.

Die Ergebnisse der Stichprobe werden in die EPR-Regelkarte eingetragen. Nach einem einfachen Entscheidungsmuster kann entschieden werden, ob in den Prozess eingegriffen werden muss oder nicht:

- *Zweimal grün:* kein Eingreifen erforderlich.
- *Einmal grün, einmal gelb:* kein Eingreifen erforderlich.
- *Zweimal gelb:* Prozess anhalten, Maschine nachstellen.
- *Einmal rot:* Prozess anhalten, Maschine nachstellen.

Durch die einprägsame Darstellung mithilfe der Ampelfarben und den Verzicht auf umständliche Berechnungen sind die EPR-Regelkarten einfach zu handhaben. Es ist mathematisch nachweisbar, dass die EPR trotz des vereinfachten Verfahrens eine sehr hohe Aussagefähigkeit bietet und dabei der SPR hinsichtlich der vereinfachten Handhabung und der Verständlichkeit überlegen ist (Rosemann 1989).

Kritisch sollte an dieser Stelle angemerkt werden, dass aufgrund des beschränkten Stichprobenumfangs aus der Startprozedur nicht ohne Weiteres auf eine ausreichende Prozessfähigkeit geschlossen werden kann. Die EPR eignet sich damit nur für Prozesse, die hinsichtlich der Toleranzen bereits optimiert und unter statistischer Kontrolle sind.

Bild 6.6 bis Bild 6.10 geben einen Überblick über wichtige statistische Kennzahlen.

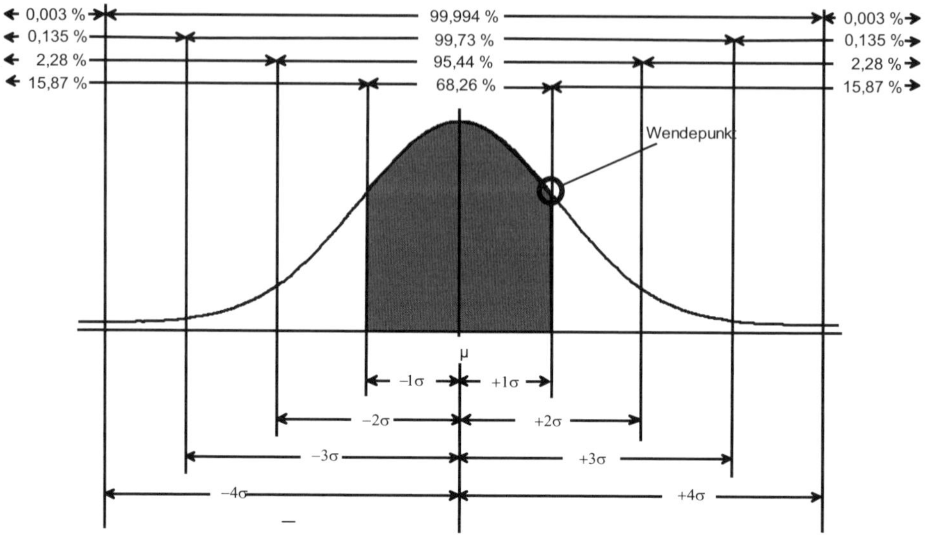

$\bar{x}$: Mittelwert einer Stichprobe

$$\bar{x} = \frac{1}{n}\sum_{i=1}^{n} x_i$$

s: Standardabweichung einer Stichprobe

$$s = \sqrt{\frac{\sum (x_i - \bar{x})^2}{n-1}}$$

Bild 6.6 Normalverteilung einer Stichprobe

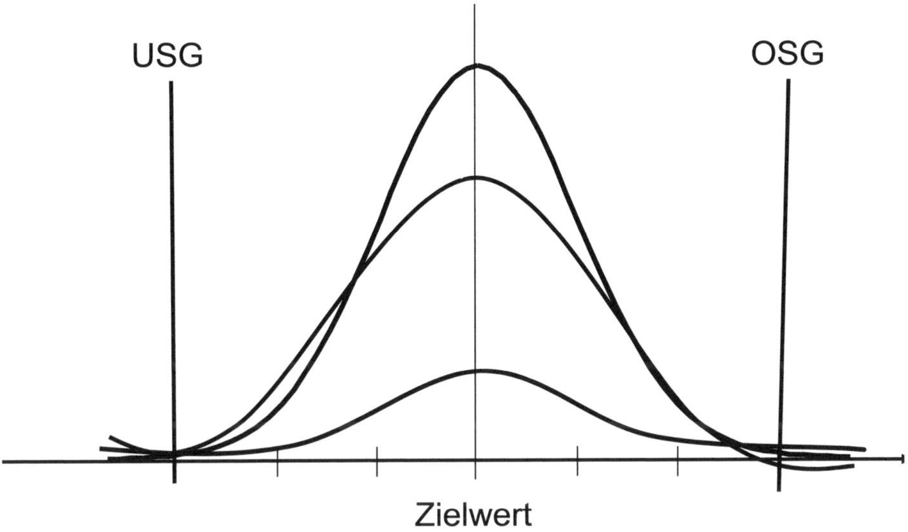

$$c_p = \frac{\text{Toleranz}}{6\sigma}$$

$$c_{pk} = \frac{\min(\text{OSG} - \bar{x}, \text{USF} - \bar{x})}{3\sigma}$$

	c_{pk}	Fehler pro Million
	0,6	71.800
	0,9	6.900
Traditionelles Ziel	1,00	2.700
	1,33	66
	1,67	< 1
	4,50	<< pro Milliarde

Bild 6.7 Fähigkeitsindex

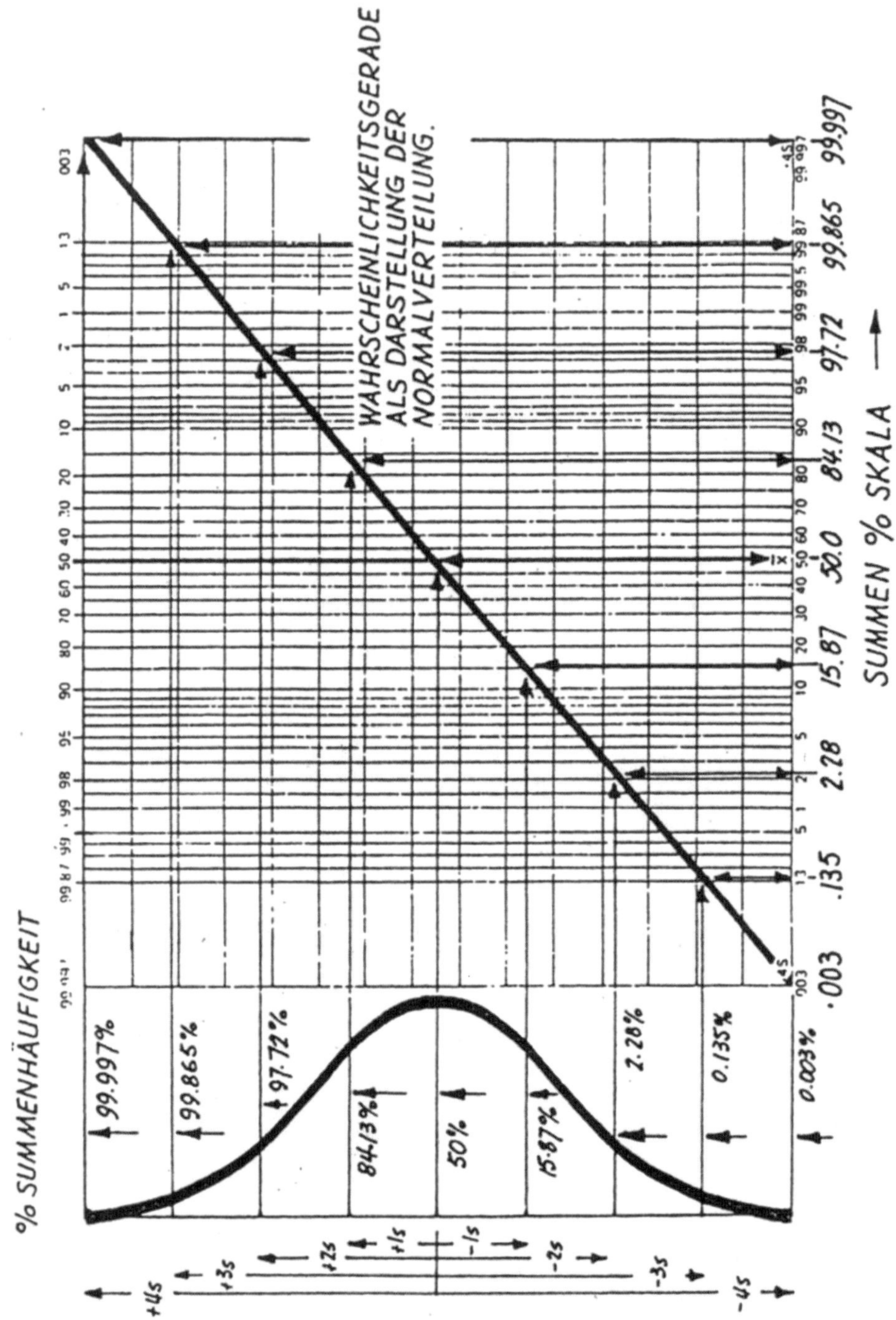

Bild 6.8 Wahrscheinlichkeitsgerade

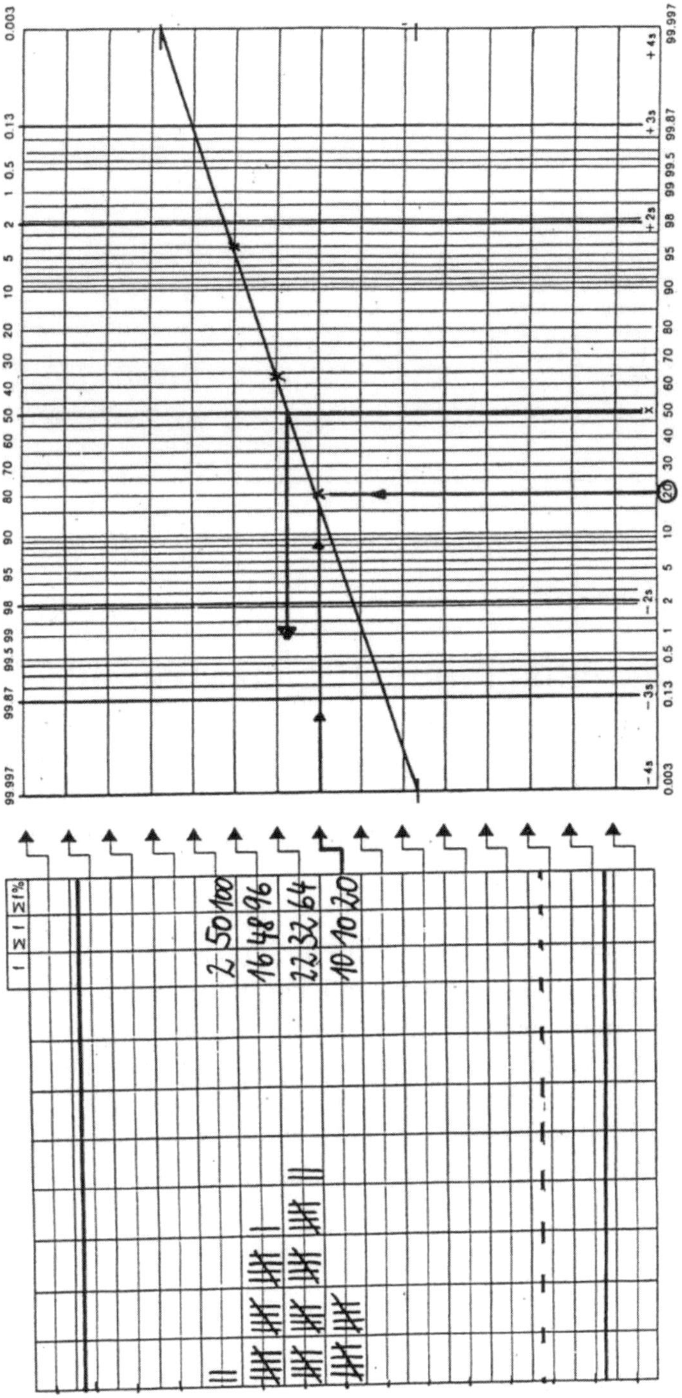

Quelle: Ford

Bild 6.9 Test auf Normalverteilung

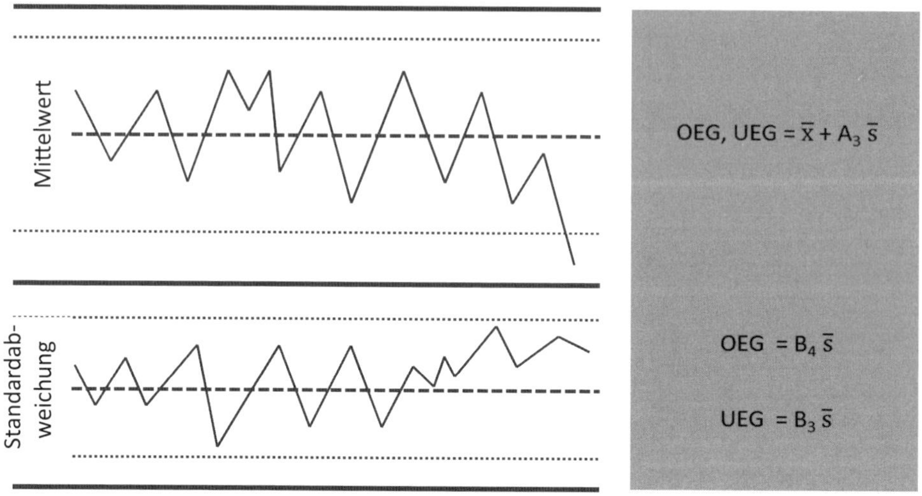

Bild 6.10 Regelkarte

6.4 Versuchsplanung (nach Shainin)

Der Grundgedanke bei der Methode der statistischen Versuchsplanung nach Shainin ist die Anwendung des Pareto-Prinzips, das auch als 80/20- bzw. 70/30-Regel bezeichnet wird (Bild 6.11). Diese Regel besagt, dass im Allgemeinen nur wenige Einflussgrößen das Prozessergebnis entscheidend beeinflussen. Die Haupteinflussgröße als rosa X und die Tertiärgröße als blassrosa X. Diese Einflussgrößen müssen möglichst rationell identifiziert und entsprechend eingestellt werden, um das Prozessergebnis zu optimieren. Shainins Methode der Versuchsplanung ist eine Zusammenstellung von Instrumenten, mit denen eine anfangs schwer überschaubare Anzahl von Einflussgrößen sukzessive reduziert werden kann, um diese schließlich mithilfe eines vollfaktoriellen Versuchs untersuchen zu können. Hat man die Anzahl der Einflussgrößen auf vier oder weniger reduziert, kann dieser ohne großen Aufwand durchgeführt werden und liefert die gewünschte Aussage über die optimale Einstellung der Steuergrößen des Prozesses (Rosemann 1989; Mittmann 1990).

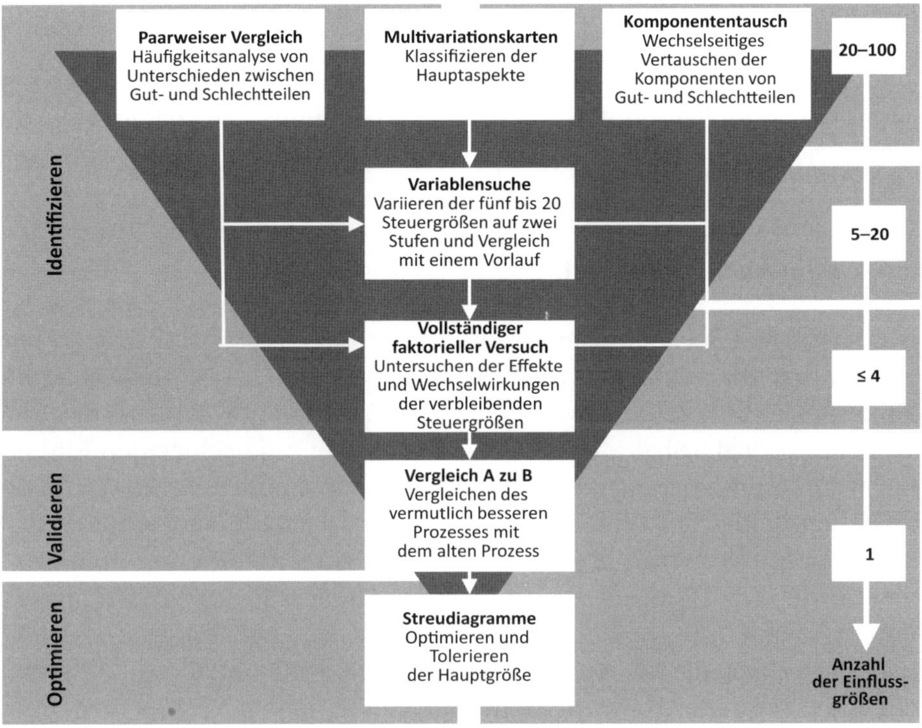

Bild 6.11 Vorgehensweise nach Shainin

Die nachfolgend beschriebenen Instrumente stammen nicht alle von Shainin selbst. So wurde das Verfahren der Multivariationskarten erstmals 1950 von Leonard Seder veröffentlicht, die A-zu-B-Analyse im Jahre 1959 von John Tukey. Ronald Fisher beschrieb den vollfaktoriellen Versuch bereits in den 1930er-Jahren, und auch Streudiagramme sind schon länger bekannt. Es ist jedoch der Verdienst Shainins, die Methoden in dieser Weise zusammengestellt zu haben.

Die Vorgehensweise bei der Versuchsplanung nach Shainin lässt sich grob in drei Schritte gliedern: das Identifizieren der Haupteinflussgrößen, das Validieren der Ergebnisse und schließlich das Optimieren der Zielgrößen.

Zunächst muss das zu optimierende Qualitätsmerkmal bestimmt werden. Um die Ausprägung des Qualitätsmerkmals zu messen, wird ein geeignetes Verfahren ausgewählt. Mithilfe der sogenannten Hinweisgeneratoren werden die Haupteinflussgrößen für das gewählte Qualitätsmerkmal identifiziert. Ziel ist es, die Anzahl der potenziell relevanten

Einflussgrößen zunächst auf weniger als 20 zu reduzieren, um diese dann genauer zu untersuchen.

Die von Shainin dazu vorgeschlagenen Instrumente sind Paarweiser Vergleich, Komponententausch und Multivariationskarte.

6.4.1 Paarweiser Vergleich

Die Methode des Paarweisen Vergleichs ist ein einfaches Verfahren zur Ermittlung der wichtigsten Einflussgrößen (Bild 6.12). Insbesondere kann diese Methode angewandt werden, wenn das Produkt nicht ohne Weiteres zerlegbar ist. Mehrere Paare von guten und schlechten Einheiten werden miteinander verglichen und die wesentlichen Unterschiede zwischen beiden bestimmt. Häufig ist bereits nach dem Vergleich weniger Paare erkennbar, was eine schlechte Einheit von einer guten unterscheidet. Die Häufung von Unterschieden lässt Rückschlüsse auf die entscheidenden Merkmale zu. Man sollte mindestens fünf, besser acht Paare vergleichen, um ein ausreichendes Signifikanzniveau zu erreichen. Der besondere Vorteil der Methode liegt in dem Vergleich von realen Produkten gegeneinander anstelle der Prüfung gegen ein theoretisches Ideal.

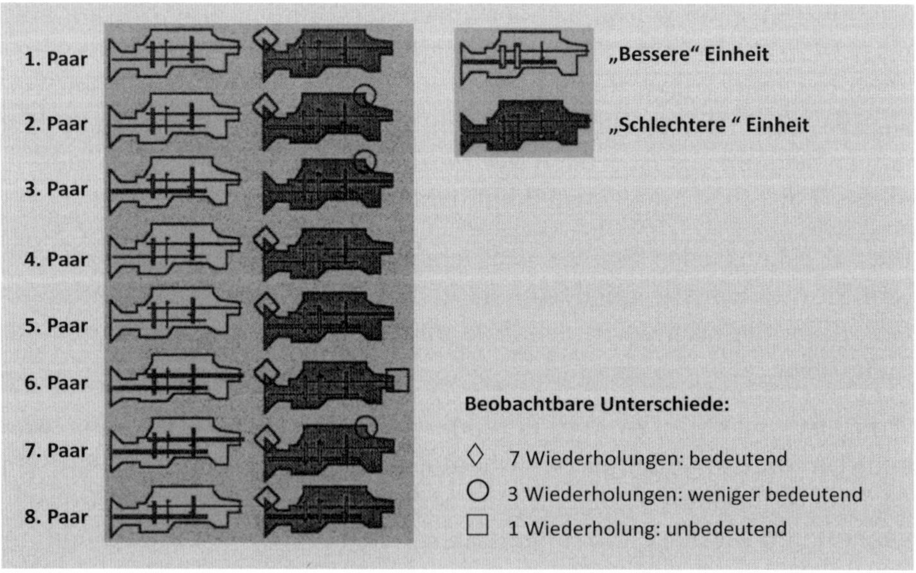

Bild 6.12 Paarweiser Vergleich

6.4.2 Komponententausch

Falls es sich bei der Untersuchung um ein Produkt handelt, das aus mehreren Komponenten besteht, z. B. ein Motor oder ein Getriebe, und dieses zerstörungsfrei zerlegt und wieder zusammengesetzt werden kann, so kann man mithilfe der Methode des Komponententauschs diejenigen Komponenten oder Baugruppen mit dem größten Einfluss auf das Qualitätsmerkmal bestimmen (Bild 6.13).

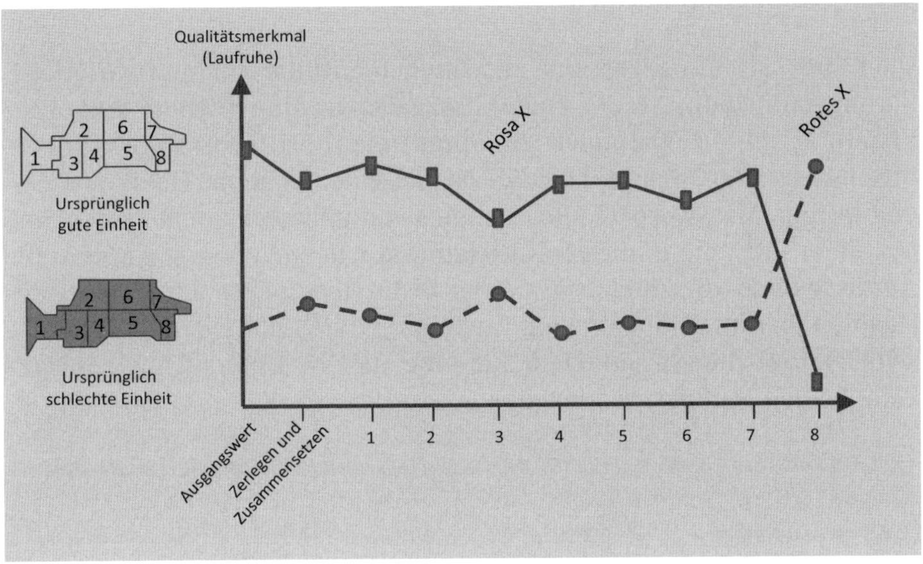

Bild 6.13 Komponententausch

Je eine gute und eine schlechte Einheit werden untersucht. Zunächst werden beide Einheiten komplett demontiert und wieder zusammengesetzt, um den Einfluss der Montagetätigkeiten zu erfassen. Die Ausprägung des Qualitätsmerkmals wird vorher und nachher gemessen. Die Zustände vor und nach der Montage sollten sich nicht wesentlich unterscheiden, anderenfalls ist wahrscheinlich die Montagetätigkeit das rote X, und man müsste sich zuerst um eine Verbesserung des Zusammenbauverfahrens kümmern.

Nacheinander wird jeweils eine Komponente der guten Einheit mit der entsprechenden Baugruppe der schlechten Einheit ausgetauscht und der Zustand beider Einheiten bezüglich des Qualitätsmerkmals beurteilt. Die Ergebnisse werden in einem Diagramm festgehalten.

Bleibt die Ausprägung des Qualitätsmerkmals bei beiden Einheiten trotz Austausch der Komponenten im Wesentlichen unverändert, so ist diese Baugruppe scheinbar bedeutungslos. Kommt es zur teilweisen Umkehr der Ergebnisse, kann eine Wechselwirkung vorliegen oder die Komponente ist weniger wichtig (rosa X). Kommt es zur vollständigen Umkehr der Ergebnisse, so ist die entscheidende Komponente (rotes X) gefunden.

6.4.3 Multivariationskarte

Die Prozessstreuung lässt sich anschaulich mithilfe von Multivariationskarten darstellen, die der Qualitätsregelkarte ähneln (Bild 6.14). Zur Erstellung dieser Diagramme entnimmt man dem Prozess in regelmäßigen Abständen Stichproben. Für das zu untersuchende Qualitätsmerkmal werden Messwerte aufgenommen, eventuell auch an mehreren Stellen eines Teils, die in die Multivariationskarte eingetragen werden. Die Abszisse bildet die Zeitachse, auf der Ordinate wird die Ausprägung des Qualitätsmerkmals abgetragen. Aus dieser Darstellung kann man Rückschlüsse auf die wesentlichen für eine nähere Untersuchung infrage kommenden Einflussgrößen ziehen.

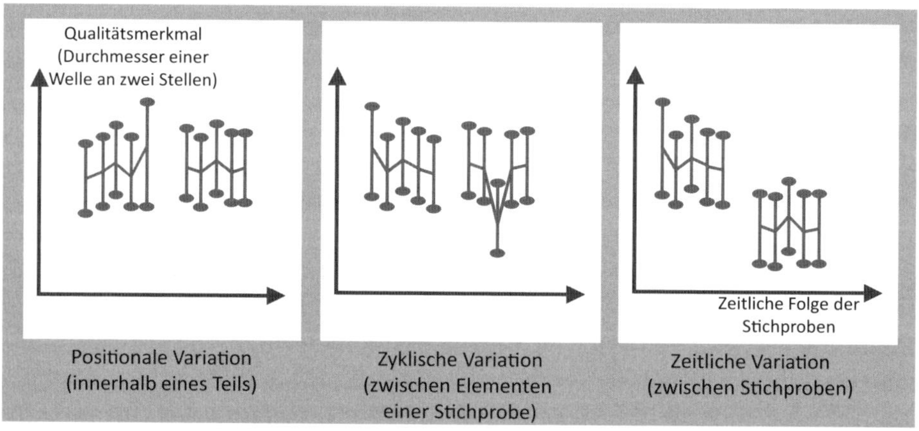

Bild 6.14 Multivariationskarten

Die positionale Variation zeigt die Streuung der Messwerte an einem Teil, z. B. verschiedene Durchmesser einer Welle an zwei Stellen. Die zyklische Variation gibt die Streuung der Werte innerhalb einer Stichprobe an. Die Veränderung der Messwerte in größeren Zeitabständen zeigt die zeitliche Variation zwischen aufeinanderfolgenden Stichproben. Die Interpretation der Multivariationskarte sollte in der Gruppe erfolgen. In der Regel kann man ein Hauptabweichungsmuster erkennen, das Hinweise auf mögliche Einflussgrößen gibt. In der Praxis hat sich oft bereits nach diesem Schritt die Lösung des Problems ergeben.

Nachdem mithilfe der Hinweisgeneratoren die Anzahl der potenziell wichtigen Einflussgrößen schon erheblich reduziert worden ist, kann sie mithilfe der Variablensuche weiter eingegrenzt werden.

6.4.4 Variablensuche

Auch bei der Variablensuche wird die unterschiedlich starke Wirkung der verbliebenen fünf bis 20 Einflussgrößen durch den Vergleich von Paaren von Einheiten beurteilt (Bild 6.15). Dazu müssen zunächst in einem Team von Spezialisten die Einflussgrößen nach ihrer Wichtigkeit geordnet und je eine vermeintlich gute und eine schlechte Wertstufe für jeden Parameter festgelegt werden. Zunächst werden in einer Vorlaufphase alle Einflussgrößen auf die gute und auf die schlechte Wertstufe gesetzt. Die Prozessergebnisse werden verglichen. Der Unterschied zwischen den gefertigten Einheiten muss signifikant und wiederholbar sein, um den nächsten Schritt durchführen zu können.

Die zweite Phase des Variablenvergleichs entspricht weitgehend dem zuvor beschriebenen Komponententausch. Es wird in der vermuteten Reihenfolge der Wichtigkeit jeweils ein Versuch mit einer Einflussgröße auf der guten und allen anderen auf der schlechten Wertstufe durchgeführt. Anschließend erfolgt der Versuch mit der entgegengesetzten Einstellung. Erreicht man bei einem Paar von Versuchen die partielle, besser noch die komplette Umkehrung der Ergebnisse von gut nach schlecht, so ist eine wichtige (rosa X) oder sogar die wichtigste Einflussgröße (rotes X) gefunden.

Versuchsnummer	Kombination der Variablen	Qualitätsmerkmal (Laufruhe)	Interpretation
1	A-R+	102	A ist nicht wichtig
2	A+R-	3	
3	B-R+	47	B ist nicht wichtig
4	B+R-	5	
5	C-R+	72	C ist nicht wichtig
6	C+R-	7	
7	D-R+	30	Evtl. Wechselwirkung mit anderen Variablen
8	D+R-	23	
9	E-R+	20	Evtl. rosa X
10	E+R-	7	
11	F-R+	18	Evtl. rotes X mit Wechselwirkung
12	F+R-	73	
Testlauf	D-F-R+	4	Völlige Umkehrung erzielt
	D+F+R-	70	

Erläuterung:

In der Reihenfolge der von den Experten festgelegten Wichtigkeit werden die Einflussgrößen auf ihren guten bzw. schlechten Wertstufen mit den restlichen Einstellungen kombiniert.

So bedeutet z. B. „A-R+" schlechte Wertstufe von A mit den guten Wertstufen der restlichen Größen kombiniert.

Erst wenn sich die Ergebnisse des Qualitätsmerkmals signifikant verändern bzw. umkehren, ist ein rosa oder rotes X gefunden worden.

A-F: Variablen
R: restliche Variablen
+: gute Einstellung
-: schlechte Einstellung

Bild 6.15 Variablensuche

Ein besonderer Vorteil der Methode liegt darin, dass man sofort nach Auffinden der wichtigsten Einflussgröße den Versuch beenden kann, sofern man zu Beginn die Reihenfolge der Wichtigkeit der Parameter richtig gewählt hat und nur eine wichtige Einflussgröße vorhanden ist.

6.4.5 Vollständiger faktorieller Versuch

Hat man mithilfe der vorstehend beschriebenen Verfahren die Anzahl der Einflussgrößen auf höchstens vier reduziert, wird ein vollständiger faktorieller Versuch durchgeführt (Bild 6.16). Dazu werden alle Kombinationen von guten und schlechten Wertstufen für alle Einflussgrößen getestet, es werden also maximal 16 Versuche durchgeführt. Auf diese Weise kann die optimale Kombination der Einstellungen der als entscheidend identifizierten Prozessparameter gefunden werden.

		I-		I+	
		II-	II+	II-	II+
III-	IV-	19	15	108	8
	IV+	16	61	1	0
III+	IV-	4	45	41	3
	IV+	33	13	10	0

I-IV: Faktoren
+: gute Wertstufe
-: schlechte Wertstufe

Ausprägung des Qualitätsmerkmals

Bild 6.16 Vollständiger faktorieller Versuch

6.4.6 A-zu-B-Analyse

Die vermeintlich optimale Einstellung der entscheidenden Prozessparameter muss nun noch bestätigt werden. Dies geschieht mithilfe der A-zu-B-Analyse (alt gegen besser; Bild 6.17). Dem alten und dem besseren Prozess werden Stichproben entnommen, um aus deren Verteilung auf die Verteilung der Grundgesamtheiten, also der beiden Prozesse, zu schließen. Der Umfang der Stichproben ist abhängig von der gewünschten Aussagesicherheit und der Streubreite der Prozesse. Bei einem normal verteilten Prozess werden für eine Aussagesicherheit von 95 % je drei Teile aus dem alten und dem besseren Prozess benötigt. Nun wird eine Rangfolge bezüglich der Ausprägungen des Qualitätsmerkmals aufgestellt. Sind die Ergebnisse der Teile aus dem alten Prozess, so kann man davon ausgehen, dass der neue Prozess tatsächlich der bessere ist.

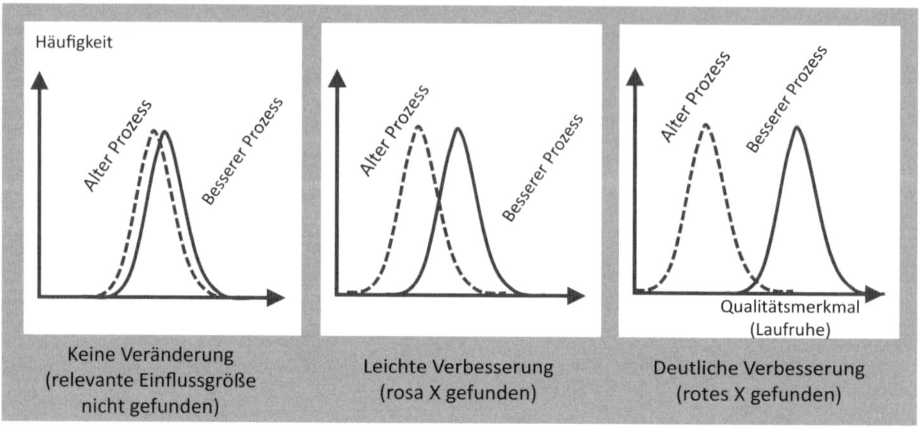

Bild 6.17 A-zu-B-Analyse

6.4.7 Streudiagramm

Schließlich kann zur weiteren Optimierung der Ergebnisse mit Streudiagrammen gearbeitet werden (Bild 6.18). Ein Streudiagramm zeigt als einfache Form der linearen Regression den Zusammenhang zwischen Einflussgröße und Qualitätsmerkmal. Für je 30 Wertstufen der Haupteinflussgröße werden die entsprechenden Ausprägungen des Qualitätsmerkmals bestimmt. Die Wertpaare lassen sich als Punktwolke darstellen. Mithilfe der Mediantechnik werden die Regressionsgerade sowie zwei Parallelen dazu ermittelt, die alle Wertpaare einschließen. Gibt man auf der Ordinate die Kundenforderung und eine realistische Toleranz vor, kann man auf der Abszisse grafisch die richtige Einstellung und die zulässige Abweichung für die Einflussgröße bestimmen. Auf diese Weise wird der Prozess hinsichtlich der Erfüllung der Kundenanforderungen optimiert.

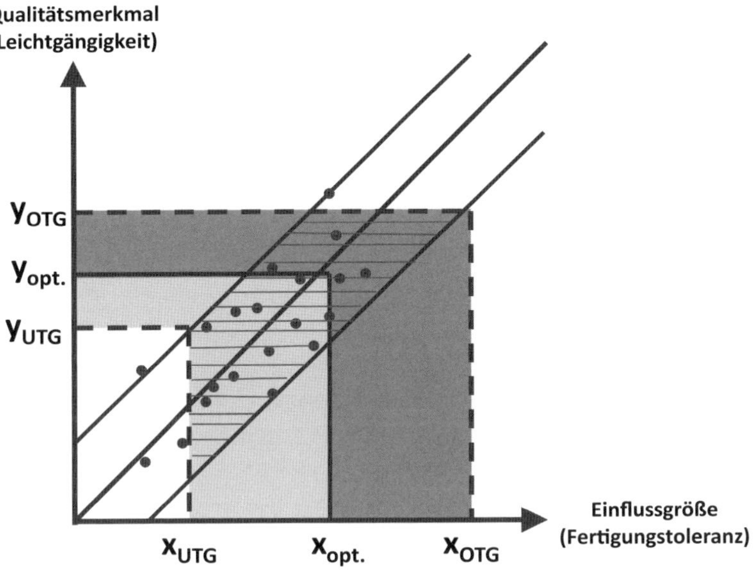

Bild 6.18 Streudiagramm

7 Mitarbeiter qualifizieren und einbinden

Die Effizienz des Einsatzes neuer Technologien wird entscheidend dadurch mitbestimmt, ob die Belegschaft über adäquate Qualifikationen verfügt und wie die Arbeit organisiert wird. Geht man davon aus, dass steigende Komplexität der Arbeit, beschleunigte Innovationsgeschwindigkeit und moderne Führungssysteme eine hohe Arbeitsteilung immer weniger zulassen werden, dann steigt die Bedeutung der Handlungsfähigkeit kleiner Produktionseinheiten. Dies gilt insbesondere für die Gestaltung von flexibel automatisierten Produktionsabläufen und Fertigungsstrukturen.

> Erst die Kombination eines hohen Technikeinsatzes mit einer Unternehmenskultur, die Mitarbeiterengagement und -qualifikation erzeugt, gewährleistet einen Spitzenplatz.

Für die betriebliche Bildungsarbeit ergeben sich folgende Zielsetzungen:

- mehr fachliche Souveränität der Industriearbeit unmittelbar vor Ort durch Aufgabenintegration (beispielsweise von vorbeugender Instandhaltung und Störungsbeseitigung, Qualitätssicherung) zu schaffen,
- soziale Qualifizierungsprozesse durch Einrichtung von Fertigungsteams und mehr Gruppenarbeit zu ermöglichen sowie
- die traditionell vorherrschende Trennung in weniger qualifizierte Produktionstätigkeiten und qualitativ höherwertige produktionsvorbereitende oder -begleitende Fachtätigkeiten aufzuweichen.

7.1 Qualitätszirkel

Als Maßnahmen der Verbesserung betrieblicher Organisationen sind vor diesem Hintergrund vor allem die „Quality Circles“ und die „Lernstatt“ zu nennen.

1962 wird in Japan als Entstehungsjahr der Qualitätszirkel angesehen.

In Gruppen diskutieren Mitarbeiter, wie durch eine verbesserte Arbeitsorganisation eine geringere Fehlerquote und ein preiswerteres Produkt erreicht werden können. Die Themen werden von den Zirkeln aus ihren jeweiligen Arbeitsbereichen ohne Vorgaben der Betriebsleitung aufgegriffen und bearbeitet.

Die Qualitätszirkel haben vornehmlich die Aufgabe, eine Erhöhung der Produktivität und Verbesserung der Qualität zu erreichen. Zugleich tragen sie mit ihrem werkstattbezogenen Fortbildungscharakter dazu bei, dass sich die Einstellung zu Arbeit, Leistung und Teamarbeit sowie auch hinsichtlich betrieblicher Weiterbildungsmaßnahmen positiv verändert. Mehr über die Qualitätszirkelarbeit wird unter dem Abschnitt Werkstattkreis beschrieben. Beide beinhalten die gleiche Zielrichtung.

7.2 Informationswerkstatt – Werkstattkreis

Eine deutsche Abwandlung der Qualitätszirkel sind Informationswerkstatt und Werkstattkreis. Ersteres führt die Führungskräfte und Mitarbeiter an die Gruppenarbeit heran und informiert über Absichten und Vorgehensweise (Motivation), das Zweite ist der eigentliche Qualitätszirkel.

Mit der Informationswerkstatt wurde also didaktisch das Ziel verfolgt, gleichzeitig

- Wissen über die neuen Tätigkeits- und Verantwortungsbereiche zu vermitteln,
- einen Erfahrungsaustausch unter den Betroffenen der unteren Führungsschicht hierüber herbeizuführen und

- das Nachdenken über Verbesserungen der durchgeführten Maßnahme anzuregen.

Wegen der großen Bedeutung des Heranführens der Mitarbeiter an den Qualitätszirkel wird diese Phase hier ausführlich beschrieben. Die Informationswerkstatt soll also so gestaltet werden, dass die Teilnehmer eigene Erfahrungen einbringen können, ein steigendes eigenes Engagement verspüren, an Problemlösungen beteiligt werden und sich so stärker mit Problemlösungen identifizieren.

Das bedeutet, dass eine von den bisher üblichen abweichenden Veranstaltungsformen zu wählen ist, die das Lehrer-Schüler-Verhältnis nicht kennt und die den Einbezug aller Beteiligten ermöglicht: die der Teilnehmer an der Veranstaltung genauso wie die der sie zu verantwortenden Hierarchie. Ihre Einbeziehung setzt bereits bei der Vorbereitung der Informationswerkstatt ein. Um zu ermitteln, welche Informationsinhalte im Einzelnen weiterzugeben sind, werden vorab Sondierungsgespräche geführt, in die vom Werkleiter bis zum Prüfer Vertreter aller Hierarchiestufen einbezogen werden. Dadurch soll sichergestellt werden, dass in der Informationswerkstatt nur die Themen behandelt werden, die sowohl von der Hierarchie als auch von den Teilnehmern als wichtig erkannt werden. Von vornherein lassen sich so Themeneingaben vermeiden, die nicht das Interesse der an der Informationswerkstatt Beteiligten finden.

Die Aufgabe, das in den Sondierungsgesprächen aufbereitete Informationsmaterial in den Treffen an die Teilnehmer zu vermitteln und deren Diskussion anzuregen und zu leiten, wird in der Informationswerkstatt von Moderatoren wahrgenommen. Einer der Grundpfeiler der Konzeption ist es, als Moderatoren keine externen Spezialisten zu verpflichten. Für diese Aufgabe werden stattdessen Mitarbeiter der unteren betrieblichen Führungsebenen, direkte Vorgesetzte oder Kollegen der späteren Teilnehmer also, ausgebildet und eingesetzt.

Da es bei der Informationswerkstatt vor allem um den Einbezug der Beteiligten geht, liegt die Betonung der Veranstaltungsform auf der Gruppendiskussion. Um die von den Teilnehmern eingebrachten Erfahrungen möglichst in ganzer Breite zu erfassen und das gegenseitige Vertrauen füreinander zu fördern, werden die Teilnehmergruppen gemischt zusammengesetzt: Hierarchiestufen ebenso wie Abteilungsgrenzen überspringend werden Produktioner und Inspektioner zu Gruppen von je sechs bis zwölf Teilnehmern zusammengeführt.

Als Veranstaltungsdidaktik werden interaktionelle Gesprächstechniken verwandt. Mit ihnen wird eine möglichst große Beteiligung der Teilnehmer sichergestellt. „Statt Lehrer, die ihr Wissen ausbreiten, fördern Moderatoren den interaktionellen Prozess, der auf Lernpartnerschaft abhebt."

Kennzeichnend für die Techniken ist, dass alle Wisseneingaben auf Informationspostern aus großformatigen Packpapieren für alle sichtbar eingebracht werden. Sie werden durch ein oder zwei Moderatoren vorgestellt. Ein Vortrag dauert nie länger als 15 Minuten. Nach ihm werden die Teilnehmer sofort in eine Aussprache über das Gehörte verwickelt. Solche Aussprachen werden mithilfe verschiedener Diskussionstechniken angeregt. Die Moderatoren veranlassen die Teilnehmer z. B.

- zu vorgestellten Vorschlägen Pro- und Kontra-Argumente beizutragen und zu bewerten,
- ein vorgetragenes Konzept zu überarbeiten,
- vorgestellte Techniken, wie das Bewerten von fehlerhaften Teilen nach einer Punkteliste, zu üben und die Ergebnisse zu diskutieren sowie
- eigene Verbesserungsvorschläge zu entwickeln, z. B. wie der Informationsfluss zwischen Produktion und Inspektion verbessert werden könnte.

Solche interaktionellen Aussprachen werden nicht nur mündlich, sondern gleichzeitig visuell geführt: Die Teilnehmer schreiben ihre Argumente mit Filzschreiber auf Karten, die an mit Packpapieren bespannte Stecktafeln geheftet werden. Die Moderatoren oder die Teilnehmer selbst ordnen die Karten nach inhaltlicher Zusammengehörigkeit. So wird gleich zu Beginn des Gesprächs die Spannweite des Meinungsspektrums für alle sichtbar. Gleichzeitig ist sichergestellt, dass jeder der Teilnehmer zu Wort kommt. Kein „Vielredner" kann mehr durch seine Rede dominieren. Dies wird zusätzlich durch die Gesprächsregel unterstützt, keinen Wortbeitrag von mehr als 30 Sekunden Dauer zuzulassen – eine Regel, die deswegen normalerweise keine Schwierigkeiten macht, weil die Visualisierung des Diskussionsverlaufs auf dem Packpapier wiederholende Redundanz überflüssig macht. Ein weiterer Vorteil der interaktionellen Gesprächstechnik ist, dass durch die Halbanonymität der angesteckten Karten – niemand weiß, wer welche Karten geschrieben hat – gegensätzliche Auffassungen nicht mehr unter den Teppich gekehrt werden, etwa um Rücksicht auf den Vorredner oder Vorgesetzten zu nehmen. Vielmehr werden jetzt durch das gleichzeitige Notieren der Argumente die Meinungsverschiedenheiten sichtbar: Sie können als Orientierungspunkte für die weitere Diskussion genutzt werden.

Interaktionelle Gespräche werden durch die Wahl des richtigen Raums sehr erleichtert: Er soll eher einem Pausenraum, nicht einem Unterrichtsraum gleichen. Um frei im Raum stehende, kleine Tische sind vier bis fünf Sitzplätze angeordnet worden. In der Mitte stehen die Stecktafeln, auf die sich die Konzentration der Teilnehmer richtet.

> Vielseitig qualifizierte Mitarbeiter (Experten) mit breiter Erfahrung aus verschiedenen Unternehmensbereichen aufgrund von „job rotation" sind umsichtiger in ihren Entscheidungen als einseitig orientierte Spezialisten.

7.3 Gegenüberstellung Informationswerkstatt – Werkstattkreis

Die Infowerkstätten werden für die Führungsschicht vom Betriebsleiter bis zum Meister und Vizemeister entwickelt und auch von allen Mitarbeitern dieser Führungsebene besucht. Sie kommen zusammen, um über allgemeine Themen wie beispielsweise

- Fehler und ihre Auswirkungen, z. B. Anlernen,
- Qualitätsmaßstab usw.

zu diskutieren, ihre Meinung dazu einzubringen und eventuell daraus einen gemeinsamen Vorschlag zu erarbeiten.

In jeder Zusammenkunft wird ein Schwerpunktthema bearbeitet. Die Ziele der Infowerkstätten bestehen verstärkt in

- der Förderung des Qualitätsdenkens (Qualität erzeugen, nicht erprüfen),
- der Überwindung der Verantwortungstrennung in Qualität und Stückzahl,

- der verbesserten Kommunikation zwischen Mitarbeitern verschiedener Fachgebiete,
- der verstärkten Motivation der Mitarbeiter,
- der Förderung der Eigeninitiative der Mitarbeiter,
- der erhöhten Identifikation mit der Aufgabe und mit dem erzeugten Produkt,
- der Stärkung des Meisters als zentrale Führungsstelle im Betrieb und
- der Vorbereitung der Werkstattkreise.

Die Qualitätszirkel bzw. Werkstattkreise dagegen werden vorwiegend von den Aktivitäten der Werker oder Sachbearbeiter geprägt. Durch diese Veranstaltung soll gerade ihr Wissen und Einsatz intensiv und nachhaltig genutzt werden.

Die Werkstattkreise bilden sich, um zu einem vorliegenden Problem eine Lösung zu suchen. Dies kann aus Gründen der Qualitätsverbesserung, der Rationalisierung, der Erhöhung der Sicherheit am Arbeitsplatz, der besseren Gestaltung des Arbeitsplatzes oder anderer Beweggründe geschehen.

Dass sich dabei die Teilnehmer nebenbei weiterbilden und über andere Probleme informieren, ist ein kostbares Nebengeschenk sowohl für den Einzelnen als auch für die Firma.

Beide Veranstaltungen arbeiten vordringlich unter dem Motto, nicht Schuldige zu suchen, sondern vielmehr die Ursache für aufgetretene Fehler zu finden, zu analysieren und Vorkehrungen zur Abstellung zu treffen.

7.4 Organisation der Qualitätszirkel bzw. Werkstattkreise

Die Qualität der Lösungsvorschläge wird wesentlich durch die Organisation und die Zusammensetzung der Werkstattkreise bestimmt.

Ein Werkstattkreis ist eine kleine Gruppe von Werkern, Facharbeitern, Sachbearbeitern und gegebenenfalls Prüfern und Vizemeistern, die sich zum Zweck einer Problemlösungsfindung treffen. In der Regel sind es acht bis zwölf Personen. Weniger oder mehr Mitarbeiter erschweren die hierbei oft angewendete Kleingruppenarbeit.

Die Gruppe wird von einem Moderator als Gesprächsleiter begleitet und geführt. Er sollte vorteilhafterweise neutral, also nicht selbst Betroffener sein. Dadurch hat er mehr Abstand zum Thema, wird von den Zirkelmitgliedern nicht als Experte angesehen, hat weniger Neigung, die Gruppe in eine Richtung – nämlich seine – zu drängen und kann somit besser der Rolle als Gesprächsleiter gerecht werden.

Die Werkstattmitglieder selbst sollten dagegen ohne Ausnahme vom Thema betroffen sein, also in dem Unternehmensabschnitt tätig sein, in dem das zu lösende Problem entstanden ist. Dies sind z.B. die Mitarbeiter der Produktionsabteilung, welche das Teil herstellen. Sie werden oder sollten ergänzt werden durch Mitarbeiter aus dem Werkzeugbau und der Inspektion, welche ebenfalls mit diesem Teil zu tun haben.

Die Qualitätszirkelidee ist in jedem Geschäftsbereich anwendbar und nützlich. Ausnahmen sind jedoch möglich und sinnvoll, wenn die Mitglieder des Werkstattkreises zusätzliche Informationen zur Problemlösung benötigen. Es ist denkbar, dass sie sich selbst – alle gemeinsam oder jeder für sich – die notwendigen Zusatzinformationen beschaffen oder einen Experten zu einer Sitzung einladen. In der ersten Phase werden die Themen für die Werkstattkreise von der Abteilung vorgegeben. Es ist aber ebenso vorgesehen wie gewünscht, dass die Mitarbeiter selbst Werkstattkreisthemen vorschlagen.

Man sollte dabei nur darauf achten, dass die Themen eng begrenzt formuliert werden (z.B. Lösung eines definierten Problems eines bestimmten Teils), damit sie bearbeitet werden können, d.h., konkrete Lösungsvorschläge möglich sind. Der Moderator muss ferner Sorge dafür tragen, dass die Gruppe vorwiegend solche Aktivitäten vorschlägt, die sie selbst beeinflussen kann. Es geht ja vordringlich um die eigenen Möglichkeiten, die man zur Problemlösung beisteuern kann. Die Konzeption sieht vor, dass die Mitglieder das Thema in fünf Sitzungen abhandeln. Die Treffen sollten möglichst nicht länger als 90 Minuten dauern und in der Nähe des Arbeitsplatzes in einem geeigneten Raum während der Arbeitszeit stattfinden. Nach den angesetzten fünf Sitzungen sollte das Thema abgeschlossen sein, wobei auch ein Ergebnis bereits nach der vierten Zusammenkunft vorliegen kann oder aber eventuell ein zusätzlicher sechster Gesprächstermin möglich ist.

Nach Vorlage der ausgearbeiteten Lösungsvorschläge lösen sich die Werkstattkreise auf. Sie sind also keine permanent tagenden Gremien, sondern bilden sich nach Bedarf.

Sie benennen gleichzeitig noch Ansprechpartner aus ihren Reihen, welche berechtigt und befähigt sind, Auskunft bei Rückfragen zu geben. Es ist ferner denkbar, dass sie selbst Initiativen ergreifen, um z. B. eine von ihnen vorgeschlagene Lösung als Pilotprojekt umzusetzen. Neben den Lösungsmöglichkeiten, die sie selbst beeinflussen können, werden auch solche Vorschläge festgehalten, die durch andere verwirklicht werden können.

Die Ergebnisse der Werkstattkreise sind in erster Linie die erarbeiteten Problemlösungen. Darüber hinaus wird jedoch eine erhöhte Identifikation mit der eigenen Arbeit erreicht, da die Mitarbeiter gleichzeitig auch als Experten angesprochen werden und ein mitbeeinflusster Beschluss eher von allen getragen wird.

Ferner kann je nach Themenstellung eine Verbesserung der Produktqualität entstehen, eine Erhöhung der Arbeitsplatzsicherheit, eine bessere Arbeitsplatzgestaltung und eine größere Wirtschaftlichkeit der Prozesse.

Die Werkstattkreise führen aber auch zu einer stärkeren Forderung und Verantwortung des Managements. Es sind die Lösungsvorschläge entgegenzunehmen, zu analysieren und aus übergeordneter Sicht zu bewerten. Es könnte der Fall eintreten, dass zwar der oder die Vorschläge aus Sicht der Mitarbeiter sinnvoll erscheinen, aufgrund übergeordneter Gesichtspunkte jedoch unterschiedlich bewertet werden müssen. In solchen Ausnahmefällen müssen den Werkstattkreismitgliedern die Gründe zwingend erläutert werden Es darf aber in keinem Fall der Umstand eintreten, dass Vorschläge ohne weitere Begründung abgelehnt werden. Dies würde zur Demotivation der Mitarbeiter führen.

Schließlich und endlich bleibt es Aufgabe der Führungskräfte, die Verwirklichung der Vorschläge in einer angemessenen Zeit zu garantieren. Dies ist eine Herausforderung an die Führungskräfte. Sie müssen die Verwirklichung durchführen, notfalls auch die nächsthöheren Vorgesetzten einschalten und gegebenenfalls bereichsübergreifende Maßnahmen z. B. mit der Entwicklungs- oder Finanzabteilung absprechen. Deshalb ist es ratsam, bei mehreren gleichzeitig laufenden Werkstattkreisen einen Verantwortlichen zu benennen, der die Aktivitäten koordiniert, die Termine abstimmt und die Umsetzung bewertet und überwacht.

Tabelle 7.1 gibt einen Überblick über den Entscheidungsprozess in Qualitätszirkeln.

Tabelle 7.1 Entscheidungsprozess für Problemlösungen in Qualitätszirkeln

1. Problem aufgreifen	▪ Was hindert mich, meine Arbeit besser zu machen? ▪ Welche Fragen sind für mich seit längerer Zeit ungelöst? ▪ Soll-Ist-Abweichungen festlegen z. B. Soll: Lackierung beschädigungsfrei, Ist: Lackierung mit Kratzer ▪ Problem eingrenzen ▪ Darstellung bekannter Auswirkungen, Probleme definieren
2. Daten sammeln	▪ Brainstorming ▪ Brainwriting ▪ Strichliste, Häufigkeitsverteilung; Kontrollkarte ▪ Punkthaufen ▪ Histogramm
3. Daten analysieren	▪ Häufigkeitsverteilung ▪ Einflussfaktorendiagramm (oder Fischgrätendiagramm, Ishikawa-Diagramm) ▪ Tatsachen von Vermutungen trennen und die Entwicklung möglicher Ursachen daraus ableiten
4. Problemausmaß und Problemursachen darstellen	▪ Wahrscheinlichste Ursache durch Test herausfinden ▪ Festlegen der Ursachen ▪ Auf Problemausmaß hinweisen und darstellen

Tabelle 7.1 *Fortsetzung*

5. Lösungsmöglichkeiten erarbeiten	▪ Brainstorming (Zurufabfrage) ▪ Brainwriting (Kartenabfrage)
6. Lösungsmöglichkeiten bewerten und prüfen	▪ Welche Lösungsvorschläge wann und mit welchem Aufwand realisiert werden können; aus 5. ableiten und erledigen ▪ Durch Punktbewertung Reihenfolge festlegen
7. Entscheidung treffen	▪ Entscheidung sollte sich aus 6. ergeben, ist aber nochmals gedanklich zu überprüfen ▪ Besondere Aufwendungen überlegen und festhalten ▪ Zeitpunkte festlegen
8. Lösung realisieren	▪ Ergebniskontrolle durchführen ▪ Festlegen, wer sich um die Realisierung kümmert ▪ Festlegen, wer eventuell helfen muss (Förderer) ▪ Ergebniskontrolle durchführen und Gruppe informieren ▪ Eventuelle Korrekturmaßnahmen beschließen und durchführen ▪ Zufriedenheit abfragen
9. Zirkelarbeit präsentieren (Gruppe) und Projekt abschließen	▪ Präsentation in Kurzform: im Normalfall – Gruppe vor Förderer ▪ Beurteilung durch Förderer: im Normalfall – Dank und Anerkennung aussprechen, im Sonderfall – Sachpräsente übergeben ▪ Auflösen des Zirkels

Obwohl Qualitätszirkel und Lernstatt unterschiedliche Ausgangssituationen haben, dienen beide letztlich den gleichen Zielen.

Bild 7.1 gibt einen Überblick über die einzelnen Schritte im Problemlösungsprozess und ordnet für die Umsetzung geeignete Methoden zu.

Problemlösungs-stationen Qualitätszirkel	Werkzeuge zur Fehler- und Schwachstellenanalyse
Problem definieren und aufgreifen	Informationen vom Markt und zum Prozess
Daten sammeln	- Marktdaten - Fehlersammelliste - Qualitätsregelkarte
Daten analysieren	- Pareto-Diagramm (attributiv) - Histogramm (variabel) - Korrelationsdiagramm
Potenzielle Ursachen benennen	- Brainstorming - Ursache-Wirkungs-Diagramm
Hauptursache ermitteln	- Fachdiskussion, Qualitätszirkel - Versuchsplanung - Versuche
Lösungsmöglichkeiten vorschlagen, entscheiden	- Bestätigungsversuch
Beobachten der Lösung Kreislauf ständige Verbesserung	- Marktdaten - Fehlersammelliste - Qualitätsregelkarte

Bild 7.1 Problemlösungsprozess und entsprechende Methoden

7.5 Die Lernstatt

„Lernstatt" ist ein Kunstwort, das sich aus Lernen und Werkstatt zusammensetzt. Anfangs zur Förderung der Kommunikationsfähigkeit ausländischer Arbeitnehmer am Arbeitsplatz eingesetzt, wird das Lernstattmodell nunmehr auch herangezogen, um Informationsdefizite oder Missverständnisse und Spannungen zwischen Belegschaftsmitgliedern abzubauen. Insofern kann die Lernstatt als indirektes Werkzeug der Unternehmenskultur zur Mitarbeiterführung angesehen werden.

Im Folgenden wird eine Version einer Lernstatt beschrieben, die in jedem Unternehmen individuell abgeändert realisiert werden kann.

Das spezifische Lern- und Aktionsfeld der Lernstattgruppen bezieht sich vornehmlich auf den einzelnen Arbeitsbereich und die daraus hervorgehenden Anforderungen. Dieses „Learning on the Job" ist in die täglichen Arbeitsvollzüge integriert, sodass Realsituation und Lernsituation nicht künstlich voneinander getrennt sind. Eine hohe Motivation kann immer dann erwartet werden, wenn der Mitarbeiter das zu Erlernende benötigt und den Erfolg seiner Bemühungen unmittelbar erlebt. Die Lerngruppe setzt sich vornehmlich aus den Mitarbeitern eines Betriebsbereichs zusammen. Eine wichtige Aufgabe fällt dem Moderator zu, der ebenfalls aus diesem Betriebsbereich kommt. Er sammelt und präzisiert die Erfahrungen und Bedürfnisse der Teilnehmer, klärt mit der Gruppe die Zielsetzung und welche Probleme damit zu bearbeiten sind, zeigt Lösungswege auf und führt eine Verabredung zur gemeinsamen Problemlösung herbei. Der Moderator bedarf einer Ausbildung zu methodischer und sozialer Kompetenz. Er muss mit den Moderationstechniken umgehen können, Lernabläufe unter Einbezug von Experten strukturieren sowie die Kommunikations- und Kooperationsfähigkeit in der Gruppe entwickeln. Ähnlich der Metaplantechnik werden als wichtigste Moderationstechniken und -regeln genannt:

- *Visualisierung*
  Die sprachliche Verständigung in Lern- und Problemlösungsprozessen erfordert hohe Konzentration, zeitraubende Wiederholungen und Erklärungen.
  Visualisiert jedoch jeder Teilnehmer seine Beiträge, lassen sich Gedanken und Vorschläge jederzeit abrufbereit speichern. Gleichzeitigkeit von Schrift und Wortbeiträgen beschleunigen überdies den Diskus-

sionsfortschritt, auch neu Hinzukommende gewinnen rasch einen Überblick über den Gesprächsstand.
Für die Visualisierung auf Steckwänden stehen die genannten Elemente zur Verfügung. Mit der Visualisierung können so komplizierte Sachverhalte für die Teilnehmer leichter durchschaubar aufbereitet werden.

- *Schriftliche Diskussion*
  Indem jeder Teilnehmer sich mündlich und schriftlich äußern kann, ist die gleichzeitige „Rede“ für mehrere Personen möglich, ohne dass Einzelbeiträge verloren gehen. Der Moderator muss nicht umständlich das Wort erteilen.

- *Fragen statt sagen*
  In kreativen Gruppenprozessen soll die Fragehaltung Denkanstöße vermitteln und zum Mitmachen anregen. So können z. B. der Lernbedarf der Gruppe und ihre Stimmung transparent gemacht werden.

- *Offene Stichwortsammlung*
  Der Moderator stellt eine Frage, die Teilnehmer rufen ihm ihre Assoziationen in Stichworten zu, die sofort auf Karten protokolliert werden; jeder Zuruf stimuliert weitere. Mehrfachnennungen werden vermieden.

- *Verdeckte Stichwortsammlung*
  Eine verdeckte Abfrage, bei der die Teilnehmer ihre Antworten auf Karten schreiben, macht Mehrfachnennungen sichtbar und zeigt das Spektrum der Ansichten. Die verschiedenen Antworten werden auf der Steckwand geordnet.

- *Induktives Systematisieren*
  Das freie Assoziieren als Beginn einer Problembearbeitung erfolgt ohne Vorgabe von Rastern – möglichst viele Aspekte sollen so zur Sprache kommen. Die auf Karten gesammelten Begriffe oder Meinungen werden vom Moderator mit der Gruppe an der Steckwand geordnet („Clustern“).
  Oberbegriffe werden gesucht.

- *Einpunktfragen*
  Um Meinungen zu ermitteln und so mögliche Konflikte in der Gruppe rasch sichtbar zu machen, formuliert der Moderator eine präzise Frage

und visualisiert sie. Die Teilnehmer geben mittels Selbstklebepunkten auf einer Skala (oder Koordinatenfeld) ihr Urteil ab.

- *Mehrpunktfragen*
  In Gruppengesprächen geht der „rote Faden" leicht verloren; es gilt, aus einer Vielzahl von Argumenten oder Problemen die wichtigsten auszuwählen und Prioritäten zu setzen. Jeder Teilnehmer erhält mehrere Klebepunkte, mit denen er – Häufungen sind erlaubt – auf einer Liste seine persönliche Rangfolge verdeutlicht. Beim Punktekleben zeigt sich, wie weit Einzel- oder Gruppenvorschläge von der Gesamtgruppe getragen werden.
- *30-Sekunden-Regel*
  Um in Diskussionen langatmige Monologe zu verhindern und anderen die Chance für Äußerungen offenzuhalten, vereinbaren die Teilnehmer, ihre Beiträge auf höchstens 30 Sekunden zu begrenzen. Wem eine Wortmeldung zu lang erscheint, kann eine Karte mit der Mahnung „30 Sekunden" hochhalten, um den Sprecher an die Spielregeln zu erinnern.

Diese Moderationsmethoden sollen bei den Teilnehmern zur verbesserten Kommunikationsfähigkeit und betrieblich zur Teamfähigkeit führen sowie zur größeren Selbständigkeit und Lernbereitschaft, zu mehr Verantwortlichkeit und tieferer Identifikation mit dem Betrieb, zur erhöhten Arbeitszufriedenheit und damit zur Akzeptanz neuer Produktionstechniken.

Mit dem Lernstattmodell eröffnet sich für die Unternehmen ein Weg zur effektiven Lösung konkreter arbeitsplatzbezogener Probleme, die etwa von der optimalen Bedienung automatisierter Maschinen und der Qualitätssicherung über die Organisation von Fortbildungsmaßnahmen bis hin zur Neugestaltung von Arbeitsplätzen reicht. Damit wird methodisch dem Erfordernis permanenter betrieblicher Weiterbildung in grundlegender Weise entsprochen.

7.6 Ausblick

Als Fazit kann festgehalten werden, dass vor allem im Zusammenhang mit neuen Produktionstechniken und der zunehmenden Vernetzung eine erhöhte und qualitativ neue Lernbereitschaft gefordert ist. Durch die betriebliche Erstausbildung, die auf mehr Selbständigkeit und verbesserte Kooperationsfähigkeit abzielt, durch neue Organisationsformen im Betrieb, die arbeitsbezogenes Lernen ermöglichen, wird im Rahmen betrieblicher Bildung methodisch versucht, dem Erfordernis lebenslangen Lernens ansatzweise zu entsprechen. So stehen die Betriebe mit flexibel automatisierter Produktion zunehmend vor der Notwendigkeit, ein „ganzheitliches betriebliches Bildungskonzept“ zu entwickeln, das unter anderem folgende Elemente miteinander verbindet:

- Förderung des fachlichen Lernens (Arbeitsplatz und abteilungsbezogene Schulung),
- Förderung des sozialen Lernens (Qualitätszirkel, Lernstatt),
- Einsatz rechnergestützter Lehrmaterialien (selbst instruiertes Lernmaterial),
- didaktische Strukturierung der produktspezifischen Anpassungsfortbildung (Kundenschulung).

Eine derartige betriebliche Bildungskonzeption will die technologischen Entwicklungen nicht nur begleiten, sondern richtet ihr Interesse darauf, absehbare Innovationen inhaltlich und auch zugleich methodisch vorzubereiten.

Motivation

Eine zentrale Rolle spielt hierbei die Motivation der Mitarbeiter:

- Motivation durch Respekt und Vertrauen, Selbstbestimmung der Teams, „Ich bin anerkannt“, soziale Sicherheit.
- Motivation bedeutet Arbeitszufriedenheit, Selbstwertgefühl, Einordnung aus Einsicht, Engagement, Stolz – „Wir“-Gefühl, Optimismus.
- Motivation führt zu Leistung, Qualität, Produktivität.

8 Qualität von Kaufteilen sichern

Auch die Qualität der Kaufteile muss gesichert sein:

- Der Kunde unterscheidet bei Mängeln des Erzeugnisses nicht zwischen Herstellerfehler und Fehlern von Zuliefererteilen.
- Die eigene Fertigung ist vor Störungen durch mangelhafte Lieferungen zu schützen (Mehrkosten für Nacharbeit, Ausschuss, erhöhte Lagerkapazität, Termine usw.).
- Die Qualität ist mit möglichst geringen Kosten zu sichern. Diese allgemeingültige Forderung bedeutet nicht, wie vielfach missverstanden wird, die Minimierung der Prüfkosten, sondern die Minimierung aller Kosten, z.B. die Lieferung fehlerfreier Waren (JIT).
- Der Hersteller hat im Rahmen der Produkthaftung aufgrund seiner Verkehrssicherungspflicht die Qualität auch von Zuliefererteilen so zu sichern, dass vom Erzeugnis keine Gefahr ausgeht.
- Um Haftungsansprüchen bei Schäden zu begegnen, die durch sein Erzeugnis verursacht wurden, hat der Hersteller den Nachweis zu führen, auch die Qualität von Zulieferungen mit ausreichender Sorgfalt gesichert zu haben.
- Die Entwicklung der Zulieferindustrie geht von der verlängerten Werkbank zu Entwicklungslieferanten und zum Systemlieferanten.

Sie kann einerseits beim Lieferanten durchgeführt werden, indem man seine Arbeitsweise, seine Systematik und seine Einrichtungen und Mitarbeiter beurteilt und bewertet, hier externe Lieferantenbewertung genannt, oder aber man schließt andererseits aus den Ergebnissen seiner Arbeit, so wie man sie als Kunde empfindet. Sieht man vom Preis ab, so sind es Qualität und Logistik, die das Ergebnis des Lieferanten prägen und für die interne Lieferantenbewertung herangezogen werden.

8.1 Externe Lieferantenbewertung

Das Qualitätsaudit umfasst das Produkt, die Verfahren und das gesamte System:

- Das Qualitätsaudit ist die Begutachtung der Wirksamkeit des Qualitätssicherungssystems oder seiner Teile.
- Das Systemaudit erfasst Personal, Organisation, Verfahren, Einrichtungen und Werkzeuge.
- Das Verfahrensaudit wird gezielt auf bestimmte Verfahren und Prozesse angesetzt.
- Das Produktaudit kümmert sich vordergründig nicht um die Prozesse, sondern beurteilt die Qualität eines Produkts, zerlegt in alle kundenrelevanten Merkmale.

Ein solches Qualitätsaudit ist ein wirksames Managementinstrument.

8.2 Verfahrensgrundlagen

Die Bewertung durch die Qualitätssicherung erfolgt im Wesentlichen anhand der Daten

- der Wareneingangsprüfung,
- der Verarbeitbarkeit im Fertigungsfluss und
- der Feldsituation.

Außerdem kann das Ergebnis der teilgruppenspezifischen Beurteilung der Qualitätsfähigkeit des Lieferanten aus dem Verfahrensaudit herangezogen werden. Damit wird zugleich der Status der teilebezogenen FMEA (Fehlermöglichkeits- und -einflussanalyse) bzw. der Status der Prozessfähigkeitsindizes einbezogen.

Die Logistik-Kennzahl „L" ist eine Aussage über Liefertreue, Liefer- sowie Änderungsflexibilität und die Servicefähigkeit des jeweiligen Lieferanten. Sie sollte sich ergeben aus der gewichteten Wertziffer
(L = Wertziffer · Gewichtungsfaktor):

- *Liefertreue:* Unter Liefertreue versteht man die pünktliche Anlieferung zu einem gesetzten Soll-Liefertermin. Die Liefertreue steht in unmittelbarem Zusammenhang mit der Sicherheitsbevorratung.
- *Lieferflexibilität:* Die Lieferflexibilität erfasst die Fähigkeit des Lieferanten, auf geänderte Terminwünsche einzugehen.
- *Änderungsflexibilität:* Die Änderungsflexibilität ist die Fähigkeit des Lieferanten, auf technische Änderungen zum Zeitpunkt des Serienanlaufs bzw. während der Serie auf Änderungen, bezogen auf das jeweilige Teil, zu reagieren.
- *Servicefähigkeit:* Der Service ist die Fähigkeit bzw. das Engagement des Lieferanten, sich bereits während der Konstruktions-, Definitions- bzw. Änderungsphase für das spezielle Teil zu beteiligen. Es ist ferner ein Indikator für Zuverlässigkeit im Hinblick auf Qualität, Quantität, Funktionalität und „Beweglichkeit" des Lieferanten.

8.3 Der Entwicklungslieferant und Single Sourcing

Im Zusammenhang mit Rationalisierungsbestrebungen bezüglich Entwicklungskosten, Entwicklungszeit, Aufwand des Einkaufs und des Qualitätswesens streben auch große Abnehmer die Reduzierung der Anzahl der Lieferanten an, im Idealfall nur noch je ein Lieferant je Kaufposition (Single Sourcing). Wenn das Produkt es erlaubt, möchte man weniger Einzelteile kaufen als vielmehr Systeme (Systemlieferant).

Von dem Systemlieferanten erwartet man Spezialkenntnisse über seine Artikel, das Einbringen von ständigen Verbesserungen und sogar Innovationen (Entwicklungslieferant).

Das Eingehen der Abhängigkeit von einzelnen Lieferanten setzt großes gegenseitiges Vertrauen voraus; falls Serienfertigung vorgesehen ist, sogar über einen längeren Zeitraum. Vertrauen baut sich nur über die Geschäftspartner auf, muss sich aber stabil auch bei personellem Wechsel fortsetzen lassen (Unternehmenskultur).

Zu den objektivierbaren Bewertungsparametern Qualität, Logistik und Preis treten also nun noch weitere, nicht minder bedeutsame Kriterien wie die Abschätzung des Entwicklungspotenzials und der Zuverlässigkeit bzw. des Vertrauenspotenzials (Bild 8.1).

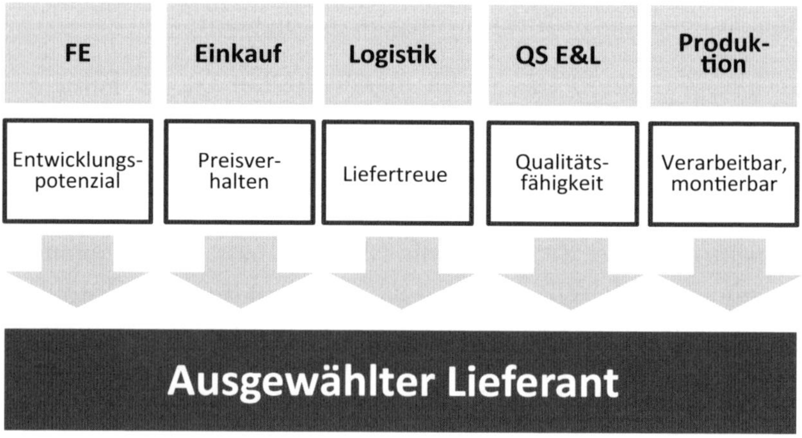

Bild 8.1 Lieferantenauswahl

Logistik und Qualitätssicherung leisten also einen Beitrag zur Lieferantenbewertung (Tabelle 8.1).

Tabelle 8.1 Lieferantenbewertung: Beitrag von Qualität und Logistik zur Lieferantenauswahl

Q	Bewertungsparameter Qualität	
	Gesamtbewertung	Teilebezogene/teilegruppenbezogene Bewertung
	Branchenorientiert Qualitätsfähigkeit	Lieferqualitätsspiegel (*)
	Prozessfähigkeitsnachweise	Feldausfallverhalten der Teile
	Eigeninitiative in Sachen Qualität	Abstellgradient für Fehler
	Bemusterungsfähigkeit Serienqualitätsfähigkeit	
L	**Bewertungsparameter Logistik**	
	Liefertreue	
	Lieferfähigkeit	
	Lieferflexibilität	
	Änderungsflexibilität	

(*) Lieferqualitätsspiegel enthält Ausfälle aus: Warenprüfung, Bandbeanstandungen, Ausschussteile, Nacharbeitsumfänge, Aktionen aus Halle und Feld

8.4 Single Sourcing bei autarken Lieferanten

Autark ist ein Lieferant, der nach Entgegennahme des Lastenhefts während der Planungsphase

- entwickelt (Konzept-FMEA),
- zuverlässig erprobt,
- für sichere Fertigungsprozesse sorgt (Prozess-FMEA),
- selbständig bemustert,
- termingerecht fertigstellt,
- flexibel auf Veränderungen reagiert

- und nach Freigabe durch den Abnehmer über Jahre, also während der Serienphase, verlässlich liefert:
  - termingerecht zum Einbauort
  - in festgelegter Qualität
    - für die Erfordernisse der Bearbeitung und Montage,
    - für die Bewährung z. B. im Fahrzeug (funktionstüchtig, zuverlässig, wertbeständig).

Voraussetzung für just in time sind dabei

- hohe Skip-Lot-Anteile und damit
- geringere Kapitalbindung.

Werden diese Grundsätze erfüllt, ist **ein** Lieferant für ein Teil oder eine Teilegruppe ausreichend.

9 Audits durchführen

Audits sind moderne Informationssysteme, mit denen man zu einem bewährten Bild darüber kommt, wie weit Qualitätsziele beim Produkt, bei einzelnen Verfahren oder auch bezüglich des gesamten Qualitätssicherungssystems erreicht werden.

Voraussetzung für die praktische Anwendung von Audits ist eine eindeutige Festlegung der Qualitätsziele, d. h. der Anforderungen. Es bringt jedoch wenig, Audits ausschließlich nach intern wichtigen Qualitätsanforderungen zu gestalten. Dabei werden hauptsächlich nur Kriterien der Weiterverarbeitbarkeit und der Fehlerkostenminimierung, d. h. Termin- und Kostenpriorität, berücksichtigt.

Im Sinne marktgerechter Qualitätspolitik des Unternehmens ist das Audit jedoch vorrangig aus der Sicht des Kunden bzw. des Abnehmers durchzuführen. Nur so kann auch abgeprüft werden, ob überhaupt im Betrieb selbst ausreichend marktorientierte Spezifikationen Anwendung finden.

Aber auch dann, wenn Abnehmer Audits vornehmen, wird man sich zweckmäßigerweise vorher mit eigenen Audits selbst überzeugen, wo man steht und welche Maßnahmen nötig und möglich sind. Dann wird ein Behörden- oder Kundenaudit keine großen Überraschungen bringen, und dem Abnehmer gegenüber können kompetente, vertrauensbildende Antworten und Erläuterungen gegeben werden. Denn mit dem Auditergebnis möchte auch der Abnehmer dokumentiert sehen, dass er auf die selbstverantwortliche Qualitätserbringung des Produzenten vertrauen darf.

Bild 9.1 zeigt unterschiedliche Arten der Audits im Überblick.

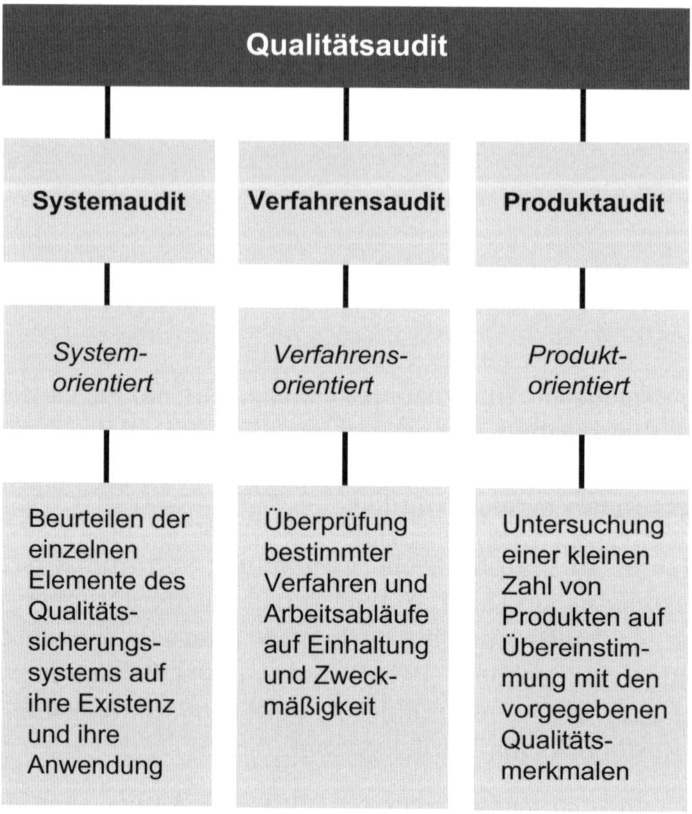

Bild 9.1 Qualitätsaudit

Systemaudits erlauben eine umfassende Beurteilung eines Unternehmens/einer Unternehmenseinheit und sind besonders sinnvoll vor Aufnahme der Geschäftsverbindung mit einem potenziellen Lieferanten. Sie eignen sich auch zur fortlaufenden Beobachtung eines Unternehmens, inwieweit es sich dem jeweiligen „Stand der Technik" entsprechend weiterentwickelt.

Während im Systemaudit die gesamte Auftragsabwicklung und Organisation bezüglich Qualitätsfähigkeit und tatsächlicher Qualitätssicherung beurteilt werden, betrifft das Verfahrensaudit nur einzelne Abschnitte daraus und kann deshalb auch individueller und häufiger durchgeführt werden.

Verfahrensaudits (Prozessaudits) untersuchen Verfahren (Prozesse) zur Ermittlung von Schwachstellen, die sich nachhaltig negativ auf die Produktqualität auswirken.

Zielsetzung muss sein, genügend flächendeckend vorzugehen, um ein repräsentatives Bild bezüglich des Risikos von Abweichungen zu bekommen und Chancen zu wahren, so rechtzeitig einzugreifen, dass keine irreparablen Konsequenzen auftreten.

Bei den erforderlichen Maßnahmen sollte prinzipiell der nachhaltigen Abstellung von Fehlerursachen Vorrang eingeräumt werden. Keinesfalls dienen Audits dazu, den zuständigen Abwicklungsbereich aus seiner Qualitätsselbstverantwortung zu entlassen; d.h., die unmittelbar notwendigen Korrekturmaßnahmen hat der betroffene Bereich selbst zu veranlassen, auch wenn der Hinweis vom Audit gekommen sein sollte.

Um den für die Aktivierung einer ausreichenden Motivation notwendigen kompetitiven Anreiz zu schaffen, hat sich eine Bewertung entsprechend einem Schulnotensystem bewährt, wobei die notwendige Plausibilität durch Herausstellen eines jeweils akuten Schwerpunkts gewährleistet werden kann. Das hat zudem den Vorteil, dass alle Kräfte gebündelt zur nachhaltigen Abstellung des aufgezeigten Problempunkts mobilisiert werden und Anstöße in Richtung der Risikoreduzierung möglich sind.

Das *Produktaudit* schließlich bewertet die Qualität des Produkts aus der Sicht des Auftraggebers, Kunden oder Anwenders. Auf dem Gebiet des Produktaudits liegen fundierte Erfahrungen vor. Der springende Punkt dieser Auditsysteme besteht in der ausgewogenen richtigen Gewichtung der Erfüllung von Qualitätsforderungen bei unterschiedlichen Merkmalsgruppen.

Um die Identifizierung der Mitarbeiter mit der Qualität ihrer Produkte zu unterstützen, werden in manchen Großkonzernen sogar Wettbewerbe um die besten Auditnoten zwischen den einzelnen Produkten und Produktionsstandorten ausgetragen. Das funktioniert allerdings nur, wenn die monatlich im Konzern erreichten Auditnoten (intern) offengelegt und die erreichten Rangordnungsplätze im Betrieb ausgehängt werden.

Nur durch derartige Rückinformationen über den relativen Stand im Qualitätskampf um Marktanteile kann erreicht werden, dass um Qualitätsverbesserungen auch weiterhin gekämpft wird und man sich nicht mit dem Erreichten zufriedengibt.

Ziele

Audits dienen hauptsächlich

- der Feststellung der Übereinstimmung des Ist-Zustands mit den vordefinierten Richtlinien und Maßnahmen (Bezugsbasis) sowie
- der Feststellung der Angemessenheit dieser Richtlinien bzw. Vorschriften und Maßnahmen im Hinblick auf das angestrebte Ziel Qualitätssicherung und -förderung.

Die Untersuchung mit Berichterstattung über die Schwachstellen und Abweichungen ist ein zugkräftiges Mittel, um besonders

- die Beteiligten auf die Qualitätsforderungen der Kunden aufmerksam zu machen,
- die Produktionsqualität ständig zu fördern und zu optimieren sowie
- die tatsächlich realisierten Fortschritte in Bezug auf die Qualitätsdynamik zu messen.

Audits, auch Folgeaudits, besonders auch Auditergebnisse konkurrierender Fertigungsstätten, spornen an und haben eine erzieherische Wirkung. Audits stellen somit eine geeignete Führungsfunktion dar.

Auditoren werden eingesetzt

- werksintern auf Veranlassung der Werkleitung,
- auf Veranlassung der Qualitätssicherung,
- zur internen Beobachtung der Qualitätsentwicklung,
- auf Konzernebene,
- auf Veranlassung der Konzernleitung,
- auf Veranlassung der Zentralen Qualitätssicherung,
- zum Vergleich der Leistungsfähigkeit der Unternehmenseinheiten und Abgleich des Maßstabs der Werkauditoren,
- auf Verlangen des (Groß-)Kunden und durch diesen durchgeführt,
- zur Beurteilung der Qualitätsfähigkeit als Lieferant für den spezifischen Abnehmer,

- aufgrund gesetzlicher Vorschriften,
- im Interesse von Ländern bzw. der Gesellschaft.

Durchführende Organe sind Behörden oder beauftragte neutrale Gesellschaften.

Bild 9.2 zeigt den Ablauf eines Produktaudits nach Vorgaben des VDA.

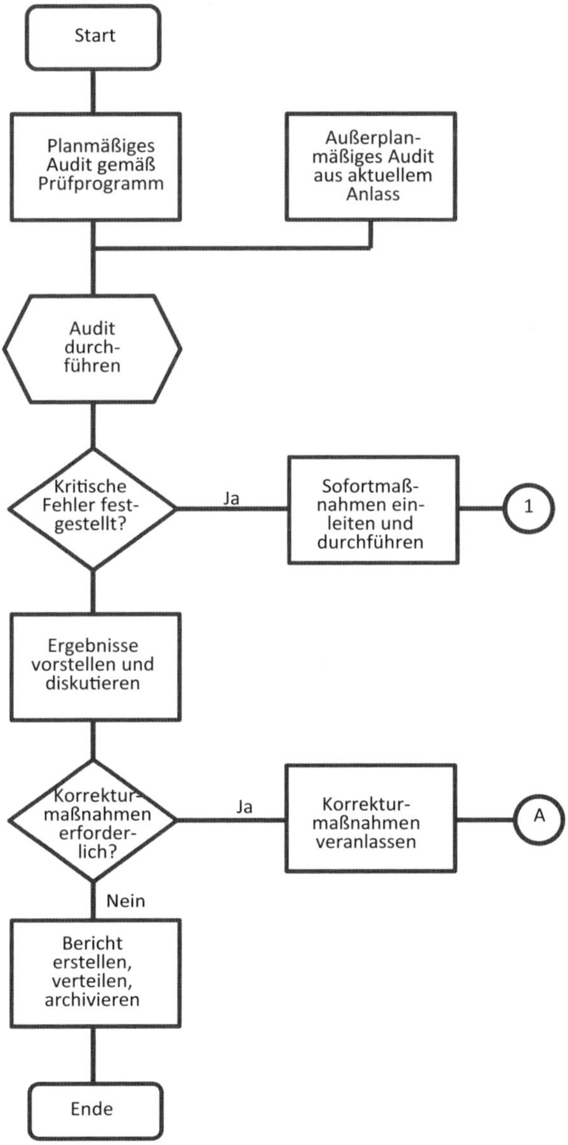

Bild 9.2 Produktaudit: Ablauf für die Durchführung (VDA)

Bild 9.3 illustriert den Ablauf der entsprechenden Korrekturmaßnahmen, ebenfalls nach VDA.

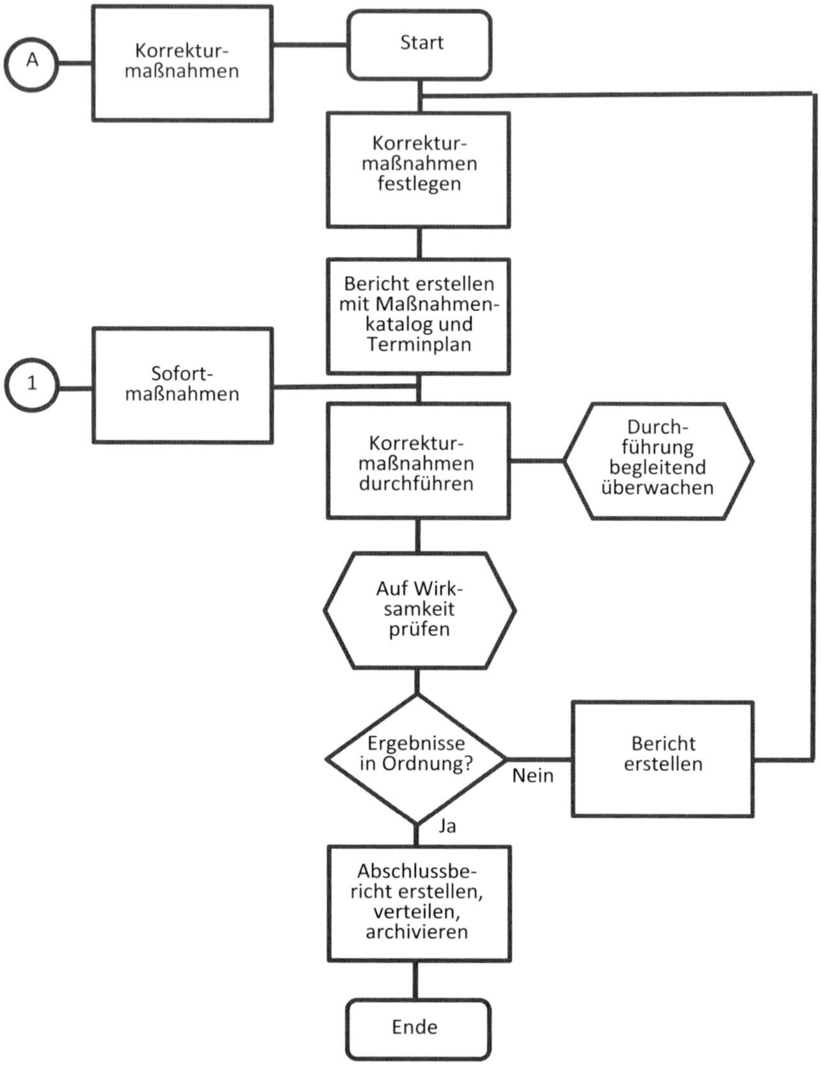

Bild 9.3 Produktaudit: Ablauf Korrekturmaßnahmen (VDA)

Literatur

Al-Radhi, M.; Heuer, J. (2002): *Total Productive Maintenance*, Carl Hanser Verlag, München

APQP (2008): *APQP* (Advanced Product Quality Planning and Control Plan), Second Edition, Beuth Verlag, Berlin

Backerra, H.; Malorny, Ch.; Schwarz, W. (2007): *Kreativitätstechniken*, Carl Hanser Verlag, München

Bednarek, E. u. a. (1987): *Lernstatt – Organisationsentwicklung im Unternehmen – Qualität – Mitarbeiter-Entfaltung – Produktivität*, BMW AG, Organisationsentwicklungs-Kreis, München

Bhote, K. (1988): *World Class Quality*, American Management Association, New York/NY/USA

BMBF (1994): *Referenzhandbuch Qualitätstechniken*, BMBF-Verbundprojekt Qualitätssicherung, Karlsruhe

Deming, W. E. (1982): *Quality, Productivity and Competitive Position*, MIT-Press, Cambridge

Deming, W. E. (1986): *Out of the Crisis*, MIT-Press, Cambridge

Deming, W. E. (1990): „Implementing Dr. Deming's Methods for Management of Productivity and Quality", Vortragsmanuskript, Washington D.C.

Deming, W. E. (1993): *The New Economics*, MIT-Press, Cambridge

Dunkel, D. (1983): *„Lernstatt: Modelle und Aktivitäten deutscher Unternehmen.* In: Beiträge zur Gesellschafts- und Bildungspolitik 85/86, S. 35 – 72

Ebeling, J. (1994): „Die sieben elementaren Werkzeuge der Qualität". In: *Kamiske, G. F.* (Hrsg.): *Die Hohe Schule des Total Quality Management.* Springer-Verlag, Berlin

Füermann, T.; Dammasch, C. (2008): *Prozessmanagement*, Carl Hanser Verlag, München

Gorecki, P.; Pautsch, P. (2015): *Lean Management*, Carl Hanser Verlag, München

Grap, R. (1995): *Neue Formen der Arbeitsorganisation. Leitfaden für die Stahlindustrie.* Augustinus, Aachen

Hemmrich, A.; Harrant, H. (2015): *Projektmanagement*, Carl Hanser Verlag, München

Hentschel, C.; Gundlach, C.; Nähler, H. T. (2010): *TRIZ – Innovation mit System*, Carl Hanser Verlag, München

Herrmann, J.; Fritz, H. (2011): *Qualitätsmanagement*, Carl Hanser Verlag, München

Herzwurm, G. (2006): *Grundlagen des Quality Function Deployment (QFD).* Universität Stuttgart

Heymann, H.-H.; Seiwert, L. (1982): *„Qualitätszirkel: Verbesserungsvorschläge und Lernprozesse in Arbeitsgruppen."* In: WiSt, S. 337 - 341

Hoffmann, L. (1993): „Faktoren zur Berechnung der Eingriffsgrenzen von Qualitätsregelkarten". In: *QZ Qualität und Zuverlässigkeit* 38-7

Kamiske, G.F. (1994): *Die Hohe Schule des Total Quality Management*, Springer-Verlag, Berlin

Kamiske, G.F. (2010): *Als TQM nach Deutschland kam ...*, Lehmanns Media, Berlin

Kamiske, G.F. (Hrsg.) (1995): *Rentabel durch TQM*, Springer-Verlag, Berlin

Kamiske, G.F. (Hrsg.) (2000): *Der Weg zur Spitze*, Carl Hanser Verlag, München 2000.

Kamiske, G.F. (Hrsg.) (2000): *Unternehmenserfolg durch Excellence*, Carl Hanser Verlag, München

Kamiske, G.F. et al. (1997): *Bausteine des innovativen Qualitätsmanagements*, Carl Hanser Verlag, München

Kamiske, G.F.; Brauer, J.-P. (2011): *Qualitätsmanagement von A bis Z*, Carl Hanser Verlag, München

Kamiske, G.F.; Brauer, J.-P. (2012): *ABC des Qualitätsmanagements*, Carl Hanser Verlag, München

Kamiske, G.F.; Brunklaus, J. (2010): *Führen mit Pfiff!*, Lehmanns Media, Berlin

Kamiske, G.F. (2015): Handbuch QM-Methoden. Carl Hanser Verlag, München

Kleppmann, W. (2009): *Taschenbuch Versuchsplanung*, Carl Hanser Verlag, München

Kostka, C.; Kostka, S. (2011): *Der Kontinuierliche Verbesserungsprozess*, Carl Hanser Verlag, München

Kostka, C.; Mönch, A. (2009): *Change Management*, Carl Hanser Verlag, München

Mittmann, B. (1990): „Qualitätsplanung mit den Methoden von Shainin". In: *QZ Qualität und Zuverlässigkeit* 35-4

Nayatani, Y. et al. (1994): *The Seven New QC Tools. Practical Applications for Managers*, Quality Resources, White Plains/NY/USA

Quentin, H. (1994): *Versuchsmethoden im Qualitäts-Engineering*, Vieweg, Braunschweig

Rosemann, F.-K. (1989): „Preset Control Limits (Precontrol)". In: *Kamiske, G.F.* (Hrsg.): *Tagungsband zu „Die Hohe Schule der Qualitätstechnik"*. Technische Universität, Berlin

Taguchi, G. (1981): *On-Line Quality Control during Production*, Japanese Standard Association, Tokyo

Taguchi, G. (1986): *Introduction to Quality Engineering*, Asian Productivity Organization, Tokyo

Taguchi, G. (1987): *System of Experimental Design, Vol. I und II*, American Supplier Institute Press, Dearborn

Taguchi, G.; Konishi, S. (1987): *Taguchi Methods, Orthogonal Arrays and Linear Graphs*, American Supplier Institute Press, Dearborn

Taguchi, G.; Wu, Y. (1985): *Introduction to Off-Line Quality Control*, Central Japan Quality Control Association, Nagaya

Theden, P.; Colsman, H. (2013): *Qualitätstechniken – Werkzeuge zur Problemlösung und ständigen Verbesserung*, Carl Hanser Verlag, München

VDA (2006): *Band 4: Kapitel: Produkt- und Prozess-FMEA*, VDA, Frankfurt am Main

VDA (2010): *Band 4: Sicherung der Qualität in der Prozesslandschaft*, VDA, Frankfurt am Main

Womack, J. P.; Jones, D. T.; Roos, D. (1992): *Die zweite Revolution in der Autoindustrie*, Campus Verlag, Frankfurt am Main

Index

A

B

D

E

F

H

I

K

L

M

N

P

Q

R

S

Der Autor

Prof. Dr.-Ing. Gerd F. Kamiske war Inspektionsleiter in den Volkswagenwerken Braunschweig (Achsen und Lenkungen) und Salzgitter (Motoren) und dann Qualitätssicherungsleiter in Wolfsburg (Fahrzeugbau).

Parallel war er in Projekten für Volkswagen in Südafrika, Japan, USA und China eingesetzt, teilweise mit mehrjähriger Laufzeit.

Das größte Projekt als Stiftung des Volkswagenvorstands war die Gründung der Qualitätswissenschaft als Lehrstuhl an der Technischen Universität Berlin unter der Schirmherrschaft des Institutsleiters für Werkzeugmaschinen und Fabrikbetrieb.

Er ist Gründungsmitglied der Gesellschaft für Qualitätswissenschaft und Ehrenmitglied der Deutschen Gesellschaft für Qualität. Für die Arbeiten am Lehrstuhl der TU Berlin erhielt er mit einem seiner wissenschaftlichen Mitarbeiter den European Quality Award der EFQM für Spitzenforschung, für seine Gesamtleistung das Bundesverdienstkreuz 1. Klasse.

HANSER

Rüstzeug eines jeden Qualitäts- und Prozessmanagers

Kamiske (Hrsg.)
Handbuch QM-Methoden
Die richtige Methode auswählen und erfolgreich umsetzen
3., aktualisierte und erweiterte Auflage
984 Seiten
€ 179,99. ISBN 978-3-446-44388-4
Auch als E-Book erhältlich
€ 149,99. E-Book-ISBN 978-3-446-44441-6

Das Handbuch QM-Methoden stellt die relevanten Methoden und Werkzeuge des Qualitätsmanagements wie Total Quality Management (TQM), Lean Management, Six Sigma, Kontinuierlicher Verbesserungsprozess (KVP), 5S, 8D, M7 oder Q7 kompakt und praxisbezogen vor. Sie können für jedes Problem die richtige Lösung finden und erhalten einen konkreten Leitfaden zur Hand, wie Sie Ihre Probleme lösen und die jeweilige Methode effektiv umsetzen. Die Neuauflage wurde überarbeitet und erweitert. Das Kapitel zum EFQM-Excellence-Modell wurde vollständig ersetzt; neu hinzugekommen ist die Methode Layered Process Audit.

Mehr Informationen finden Sie unter **www.hanser-fachbuch.de**

HANSER

Von A wie Audit bis Z wie Zertifizierung

Kamiske, Brauer
Qualitätsmanagement von A-Z
Wichtige Begriffe des Qualitätsmanagements und ihre Bedeutung
7., aktualisierte und erweiterte Auflage
420 Seiten
€ 39,90. ISBN 978-3-446-42581-1
Auch als E-Book erhältlich
€ 31,99. E-Book-ISBN 978-3-446-42812-6

Dieses Standardwerk des Qualitätsmanagements erscheint wegen der hohen Nachfrage nun bereits in der siebten Auflage! »Qualitätsmanagement von A-Z« erläutert alle wichtigen Begriffe rund um das Qualitätsmanagement: Von A wie Audit bis Z wie Zertifizierung. Alle Begriffe werden kompakt, aber trotzdem anschaulich und leicht verständlich dargestellt. Damit eignet sich das Werk sowohl für den Einsteiger als auch für den erfahrenen Praktiker gleichermaßen.

Die Neuauflage wurde aktualisiert und erweitert: Es kamen neue Begriffe wie Produktionsprozess- und Produktfreigabe (PPF) oder Advanced Product Quality Planning (APQP) hinzu. Viele Begriffe wurden komplett überarbeitet wie beispielsweise ISO/TS 16949:2009, EFQM Excellence Award oder Umweltmanagementsystem.

Mehr Informationen finden Sie unter **www.hanser-fachbuch.de**

HANSER

Das Maß der Dinge

www.qz-online.de